Mohsen Charifi

DAS GLÜCK
WÄCHST AUF EINEM
WALNUSSBAUM

- - - - - - - - -

Kleine Geschichten für
das große Leben

WINDPFERD

1. Auflage 2018
© 2017 Windpferd Verlagsgesellschaft mbH, Oberstdorf

Umschlaggestaltung und Illustrationen: Jennifer Jünemann | www.bitdifferent.de
Satz und Layout: Marx Grafik & ArtWork
Lektorat: Sarah Varga
Korrektorat: Sylvia Luetjohann
Gesetzt aus der Warnock
Druck und Bindung: C. H. Beck, Nördlingen

Printed in Germany
ISBN 978-3-86410-175-5
www.windpferd.de

INHALT

Für die Liebe in Person,
meine Schwester Ashraf

ÜBER DIE VERZAUBERUNG DER GESCHICHTEN

Seit eh und je, seit allen Zeiten und in allen Kulturen haben Menschen gerne Geschichten erzählt und ebenso gerne gehört. Geschichten haben nicht nur Kinder verzaubert und waren die beste Begleitung beim Einschlafen; ihre Verzauberung ergreift auch Erwachsene. Warum?

Der Zauber der Geschichten hängt damit zusammen, dass sie das Verborgene in uns, das wir lieber nicht berühren wollen, ansprechen. Durch Geschichten geht man auf eine Reise, auf der man nicht nur seinen Wünschen, Bedürfnissen, Ängsten und seiner Ohnmacht begegnet, sondern auf der man auch seine Möglichkeiten, seine Potenziale, seine verborgenen Schätze entdeckt. So wie der Wind die Wolken vertreibt, vermitteln Geschichten einen klaren Blick auf das, was tief in uns verborgen ist. Sie spiegeln nicht nur die menschlichen Daseinsprobleme wider, sondern auch unser Bedürfnis, ein erfülltes Leben zu erlangen. Geschichten berühren uns in einer Tiefe, die weit über psychologische Ansätze und psychotherapeutisches Wirken hinausgeht. Sie sind das sanfteste Elixier, um die Schmerzen unserer Wunden zu lindern.

Wissenschaft und Vernunft versuchen von außen und über den holprigen Weg der Gedanken den Menschen zu erreichen. Geschichten aber gehen direkt unter die Haut, zu dem Zentrum, zu dem Herzen, zu der obersten Instanz, aus der Gedanken, Gefühle und Handlungen herausströmen.

Vor diesem Hintergrund kann man die Geschichten in diesem Buch erzählen und es dabei belassen. Mir war es jedoch ein Bedürfnis, etwas dazu zu sagen, was diese Erzählungen mir persönlich vermittelt haben und wie ich ihre Botschaften interpretiere. Deshalb habe ich nach jeder Geschichte ein Kapitel mit meinen Gedanken eingefügt. Es steht dir frei, nur die Geschichten auf dich wirken zu lassen oder auch einen Blick auf meine psychologisch geprägte und mystisch inspirierte Lesart zu werfen.

1.
DAS KAMEL, DAS ZUR PANIK NEIGTE

Diese Geschichte hat uns unser Vater erzählt, weil er in seiner übermäßigen Fürsorge überzeugt war, er müsse uns darauf aufmerksam machen, dass man nicht vorsichtig genug sein kann.

Ein Pferd stand am Stadttor und sah verwundert, wie eine endlose Schar von Füchsen rennend die Stadt verließ. Plötzlich aber sah das Pferd, dass mitten unter den Füchsen auch ein Kamel in vollem Galopp floh.

Da rief das Pferd dem Kamel voller Erstaunen zu:

„Was ist passiert? Warum rennt ihr alle so?"

Das Kamel bremste ab und keuchte:

„Der Stadthalter hat befohlen, alle Füchse, die sich in der Stadt aufhalten, zu verhaften."

Da fragte das Pferd, nur noch verwunderter:

„Aber was ist mit dir? Du bist doch kein Fuchs! Also warum fliehst du?"

Das Kamel antwortete voller Panik:

„Wer weiß, was mir alles passiert, bis ich bewiesen habe, dass ich kein Fuchs bin!"

Dann rannte es weiter, ohne noch ein einziges Wort zu verlieren.

WIE WIR DIE ANGST NÄHREN

Die Angst und Panik dieses Kamels und wie es sie begründet erinnert an ein sehr vertrautes Verhaltensmuster bei uns Menschen. Es ist bekannt, dass eine Kette so stark ist wie ihr schwächstes Glied. Das bedeutet: Jeder hat einen wunden Punkt. Und wenn bestimmte Lebensumstände und Situationen diesen Punkt berühren, reagiert ein Mensch, der sonst besonnen handelt, überempfindlich und erlebt alles unter dem Eindruck der Ohnmacht, die dieser wunde Punkt erzeugt. Bei jedem Menschen hat der wunde Punkt seinen Ursprung in einem geringen Selbstvertrauen, aber er ist sehr individuell gefärbt. Dort, wo man Selbstzweifel hat, ist man verletzbar. Zum Beispiel basiert die Flucht des Kamels auf einem übermäßigen Sicherheitsbedürfnis; deshalb genügt ein Hauch von Unsicherheit, dass man ein Kamel mit einem Fuchs verwechseln könnte, um es in Panik zu versetzen. Wir neigen dazu, in kleinen Schicksalsschlägen Vorboten großer Katastrophen zu sehen. Hierzu zwei Beispiele:

Ein Mann wurde von seiner Freundin verlassen. Er erklärte mir, sein Fehler sei gewesen, nicht auf seinen Bruder zu hören. Bei seinem Bruder dürfe keine Frau einen Fuß in das Haus setzen. So beschloss er, ebenfalls nie wieder eine Frau kennenzulernen. Hier heißt die individuelle Färbung, die das geringe Selbstvertrauen hat: Angst vor Ablehnung.

Ein Bauleiter bewarb sich immer wieder auf verschiedene Stellen, aber noch während der Probezeit kündigte er regelmäßig selbst, weil er Angst davor hatte, gekündigt zu werden. Der wunde Punkt ist hier Versagensangst.

Nicht nur das Kamel, auch unsere beiden Protagonisten haben in der Tat erreicht, dass ihr schwächstes Glied nicht berührt wird und sie nicht mit dem konfrontiert werden, wovor sie Angst haben. Ihre Ängste schaffen ein Szenario der Vermeidung, in welchem sie dem Schicksal sozusagen zuvorkommen und es vermeintlich überlisten. So wird das Kamel nicht verhaftet, der Mann wird nie mehr von einer Frau verlassen und dem Bauleiter wird nie gekündigt. Aber zu welch hohem Preis, mit welcher Reduzierung des Reichtums des Lebens! Es ist mein Wunsch, die Leser mit den Geschichten in diesem Buch für die Wahrnehmung des „wunden Punkts" zu sensibilisieren. Er ist kein unumgängliches Schicksal, wir sind ihm nicht ausgeliefert, sondern können ihn und die damit verbundene Angst sehr wohl bändigen und reduzieren.

Nachdem wir gesehen haben, dass Angst mit unterschiedlichen Gesichtern erscheint, möchte ich die Botschaft dieser Geschichte, die für ein Leben ohne Angst plädiert, bildlich darstellen: Angst ist ein besonderes Lebewesen und braucht eine besondere Nahrung. Wir nähren die Angst, indem wir Situationen, die Angst machen, vermeiden. Außerdem ist die Angst sehr eitel – wenn wir ihr keine besondere Aufmerksamkeit schenken, ist sie beleidigt und verschwindet.

Dazu möchte ich eine Situation aus meinem Leben mit dir teilen: In der Verarbeitung einer Trennungsphase, die mit größten Ängsten verbunden war, habe ich eine Erkenntnis gewonnen, von der ich mit Freude sagen kann, dass sie eine meiner wertvollsten ist. Ich habe erkannt, dass ich bei jeder Beziehung von vornherein überzeugt war, dass diese Beziehung die Basis meines Glücks und meines Lebens sein wird. Und dabei übersah ich, dass gerade diese Überzeugung die Quelle meiner Verlustangst, meines Klammerns und meiner Abhängigkeit war. Als mir dies bewusst wurde, kam die Erleuchtung von selbst: Ich kann meine Angst überwinden, wenn ich mein Brauchen und meine Abhängigkeit reduziere. Ich erkannte: „Ein Ja ist ein Geschenk und ich habe kein Anrecht darauf." All diese Erkenntnisse mündeten in einer für mich gänzlich neuen Einstellung: „Kein Mensch ist die Basis meines Lebens. Ich kann immer gehen, und wenn jemand mir begegnet, der mich berührt, kann er mich begleiten, aber er wird nie mein Rollstuhl sein." Dank der Einsicht, die ich aus dieser Trennung gewonnen habe und dank meines Willens, in Liebe gehen zu lassen und in Liebe zu bleiben, erlebte ich das Geschenk der Freiheit: die unendliche Leichtigkeit durch die Befreiung von jeglicher Angst. In dieser Zeit war es für mich ein heilsamer Prozess, meine Gefühle und Einsichten durch Gedichte zum Ausdruck zu bringen.

Warte nicht mein Herz
bis die Angst geht;
sie geht nie,
solange du wartest.
Warten ist ihr Zuhause.

Komm und bring deine Angst
mit all ihren Kindern.
Wir werden sie verzaubern
im Zirkus des Lebens.
Fliehen werden sie,
denn
Glück ist tödlich für die Angst.[1]

1 Aus dem Buch „Der sanfte Weg der Poesie" von Mohsen Charifi.

DER TRAUMDEUTER

Eine meiner liebsten Gutenachtgeschichten,
die mir meine Großmutter erzählt hat.

Der Amir von Bazrah träumte mehrere Nächte in Folge, er würde alle seine Zähne verlieren. Dies beunruhigte ihn und er ließ einen Traumdeuter kommen. Der Traumdeuter hörte sich den Traum aufmerksam an und sagte schließlich:

„Mein Gebieter, dieser Traum bedeutet, dass du alle Menschen, die du liebst, verlieren wirst."

Der Amir war so erbost und wütend über diese Deutung, dass er dem Traumdeuter den Kopf abschlagen ließ. Der Traum kam aber immer wieder und verfolgte ihn. Er ließ einen anderen Traumdeuter kommen. Dieser Traumdeuter sagte:

„Du großer Amir, es liegt ein Fluch auf dir. Alle Menschen, die du liebst, werden vor dir sterben."

Entsetzt und erschrocken über diese Deutung ließ der Amir auch diesen Traumdeuter köpfen. Dies wiederholte sich und das Schicksal der Traumdeuter sprach sich herum, sodass keiner mehr wagte, den Amir aufzusuchen und seinen Traum zu deuten. So litt der Amir weiter unter seinem allnächtlichen bösen Traum und wurde von Tag zu Tag verbitterter und jähzorniger, mit der Folge, dass er sein Reich zunehmend ungerecht und unbesonnen regierte und das Volk darunter litt. Eines Tages kam ein alter Greis an die Residenz des Amirs und sagte:

„Ich bitte um eine Audienz bei dem Amir, denn ich will seinen Traum deuten."

Die Wächter am Tor warnten ihn. Sie fragten, ob er denn nicht wisse, was mit den anderen Traumdeutern geschehen sei. Er antwortete:

„Ja, ich weiß es. Trotzdem will ich eine Audienz beim Amir."

So geschah es auch. Als der alte Mann vor den Amir trat, war der Amir überrascht, dass ein Traumdeuter wagte, ihn aufzusuchen, und vor ihm stand und nicht einmal zitterte. Mit zorniger Stimme fragte der Herrscher ihn:

„Weißt du denn nicht, was dir bevorsteht?"

„Nein, du großer Amir. Was du sprichst, ist das, was du glaubst, das mir bevorsteht. Aber das ist nicht das, was ich glaube."

Überrascht und neugierig, aber auch wütend erwiderte der Amir:

„Du Knecht, hast du denn keine Angst, so mit mir zu reden?"

Voller Demut und Bescheidenheit antwortete der alte Mann:

„Nein. Denn ich weiß, deine Güte und deine Neugierde zu erfahren, was dein Traum dir sagen will, schützen mich vor deinem Zorn."

Nach einem bedächtigen Schweigen erzählte der Amir seinen Traum. Dann wartete er sorgenvoll und gespannt auf die Deutung dieses seltsamen Traumdeuters.

So sprach der alte Mann:

„Du erhabener Amir, das Schicksal hat etwas Großes mit dir vor. Es ist deine Bestimmung, viele gute Taten zu vollbringen. Deshalb schenkt das Schicksal dir ein sehr langes Leben, sogar länger als das Leben aller Menschen, die du liebst, damit du als Auserwählter die Zeit hast, all deine großen Werke zu vollenden."

Der Amir sprang vor Glück auf und umarmte den alten Mann. Er ließ ihn reichlich beschenken und machte ihn zu seinem Berater. Durch diese Deutung des Traumes entwichen die Bitterkeit und Angst aus seiner Seele und beflügelt regierte er das Land ab diesem Tag besonnen, gerecht und voller Hingabe.

VOM SEGEN UND FLUCH DER WORTE

Der alte Mann hat den Traum im Kern genauso gesehen wie seine Vorgänger und ihn auch inhaltlich entsprechend gedeutet. Aber siehe und staune, seine Deutung hat ihn nicht den Kopf gekostet – ganz im Gegenteil wurde er sogar königlich belohnt. Was ist passiert? Was hat der alte Mann anders gemacht als alle anderen Traumdeuter vor ihm?

Die anderen haben nur die negativen Folgen ihrer Deutung vermittelt: dass der Amir alle verlieren wird, die er liebt. Etwas Düsteres und Bedrohliches. Sie haben seine Ängste geschürt und den tobenden Teufel in ihm geweckt. Seine innere Ohnmacht gegenüber dem grausamen Schicksal reagierte er durch seine Todesurteile ab.

Der alte Mann mit seiner großen Lebenserfahrung wusste jedoch um die Gebrechlichkeit der menschlichen Seele. Er wusste: Der

Mensch ist wie eine Blume. Wenn die Wahrheit wie Hagel auf ihn niederprasselt, kann er sie nicht verkraften und wird daran zerbrechen. Aber wenn die Wahrheit ihn wie eine frische Brise streichelt und sich sanft wie der Morgentau auf ihn legt, dann blüht er auf. Im Grunde deutete der alte Mann den Traum des Amir genauso wie die anderen Traumdeuter vor ihm. Doch er verstand, bevor er dem Amir die Deutung seines Traumes vermitteln konnte, musste er Worte finden, die in dessen Herz und Seele Platz für diese Botschaft schaffen. Er wusste, dass in jedem Menschen nicht nur Ängste schlummern und wütende Teufel lauern, sondern dass in jedem auch Engel leben, mit der Sehnsucht nach Güte und Geben, nach Lieben, Schaffen und Werden. Deshalb hat der alte Mann erst diesen Teil in der Seele des Amir aufgeweckt. Indem er vermittelte, dass der Amir auserwählt sei, um Großes zu schaffen, inspirierte er das Gute und Große in ihm, das viel größer war als die Angst, seine Geliebten zu verlieren. Er ließ den Amir in seinem Traum eine frische und belebende Brise sehen und keinen zerstörerischen Hagel.

Man könnte den Geist dieser Geschichte so zusammenfassen: Wenn man das Herz des anderen gewinnt, findet man immer einen gemeinsamen Weg. In allen Bereichen unseres Lebens haben wir mit Menschen zu tun und wir setzen uns mit ihnen über vielfältige Themen und Sachen auseinander. Wenn wir aber von vornherein nur um die Sache kämpfen, haben wir einen viel schwierigeren Weg, als wenn wir den Menschen und seine Bedürfnisse im Blick haben und unseren Beitrag leisten, um ihn für die Sache zu gewinnen – wie es der alte Mann mit dem Amir gemacht hat.

Noch ein Wort zu der verborgenen Weisheit in dieser Geschichte: Wenn man den Menschen die Chance gibt, etwas Gutes zu tun und ein guter Mensch zu sein, ist diese Chance oft sehr verlockend und sie nehmen sie gerne an – denn wer möchte nicht ein guter Mensch sein?

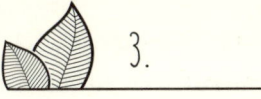

3.
DAS SCHWERE KREUZ, DAS WIR SCHICKSAL NENNEN

In einem Verein sammelten wir Geld für bedürftige Ausländer.
Ein aktives Mitglied dieser Gruppe war ein herzensguter Priester.
Einmal fragte er mich direkt: „Sie wirken auf mich bedrückt.
Was haben Sie denn?" Und ich sagte: „Eine schwere Last."
Er lächelte und sagte: „Wir Christen nennen es ‚ein Kreuz auf den
Schultern'." Er lud mich auf einen Tee ein und erzählte mir dabei
folgende Geschichte.

Ein fleißiger und warmherziger Mann lebte mit seiner Familie in bescheidenen Verhältnissen. Er machte seine Arbeit gewissenhaft und voller Hingabe, aber es gab immer wieder diese oder jene Schwierigkeiten. Einmal fehlte das Geld, um das Dach zu reparieren, dann verlor er eines seiner Schafe, kurz darauf wurde sein Kind schwer krank und kaum war es gesundet, brach er sich das Bein. Ihm schien es, als würde die Kette von Unglücken nicht abreißen.

Aus seinem Leid sah er keinen anderen Ausweg, als zu beten. Immer wieder klagte er im Gebet:

„Ich mache doch alles so gut ich kann und tue auch niemandem etwas Böses. Lieber Gott, warum bestrafst du mich? Warum hast du mir so ein schweres Kreuz auf die Schultern gelegt?"

Nachdem dieser gute Mensch mit seinem reinen Herzen immer wieder so gebetet und sich über sein schweres Kreuz beklagt hatte, wurden seine Gebete erhört. So befahl Gott einem seiner Engel:

„Bringe meinen treuen Diener in die Sammelhalle der Kreuze, sodass er sich dort ein Kreuz aussuchen kann, das er gerne tragen würde."

So geschah es auch. Der Engel brachte den Mann in jene Halle, in der alle Kreuze der Menschen aufbewahrt waren. Es war eine sehr lange Halle. Links und rechts lagen Kreuze aufgestapelt bis zur Decke. Der Mann sah sich um. Es fiel ihm auf, dass ein Kreuz aus massiven Eisenstangen zusammengesetzt war. Es wirkte mächtig und sehr schwer. Das nächste war zwar schmaler als das erste, aber es war übersät mit Dornen. Und wieder ein anderes war weder groß noch stachlig, aber es war sehr heiß und glühte. Und das nächste war voller Löcher, aus denen Ungeziefer herauskroch.

Jedes Kreuz, das der Mann sah, war schlimmer als das andere, und so lief er bestürzt und verzweifelt die Halle mehrmals auf und ab. Er war untröstlich, dass er kein einziges Kreuz fand, das er gerne tragen würde. Als er schließlich enttäuscht und resigniert die Halle verlassen wollte, entdeckte er ein kleines Kreuz aus Holz mit zierlicher Form und in warmen Farben, welches ihn direkt anzog. Er schrie vor Freude:

„Oh Gott, das ist das Kreuz, das mir wirklich gefällt. Bitte schenke mir dieses Kreuz!"

Da erklang die Stimme des Herrn:

„Das habe ich dir schon längst geschenkt, denn es ist genau das Kreuz, das du schon dein ganzes Leben trägst."

DAS VERSTECKTE GLÜCK

Wir sind gesund, alle Organe funktionieren und tun das, wofür sie da sind. Sie tun in jedem Augenblick ihren Dienst und wir machen von ihnen Gebrauch, ohne dass uns bewusst wird, wie kostbar dieses Geschenk, die Gesundheit, ist. Dann fällt aus Versehen eine Tür zu, ein Finger ist dazwischen und wird eingeklemmt. Oh Schmerz! Ab diesem Augenblick merken wir bei fast jeder Tätigkeit, wie dieser verletzte Finger uns behindert und so manche Tätigkeit erschwert. Aber genau genommen sind dieser kleine Finger und seine Funktionen nur ein Hauch dessen, was unseren Körper ausmacht und was er täglich bewältigt. Doch der schmerzende Finger steht im Fokus unserer Aufmerksamkeit.

Genau wie dieser Schmerz an einem Finger uns vergessen lässt, wie zuverlässig und reibungslos der gesunde und wunderbare Rest unseres Körpers funktioniert, so lässt uns ein Schmerz, ein Verlust oder allgemein ein Unbehagen in unserem Leben vergessen, wie reich unser Leben ansonsten ist und wie es sich aus seiner inneren Kraft von selbst fortsetzt. Offensichtlich handelt es sich dabei um eine emotionale Routine, eine „schlechte Denkgewohnheit", die bewirkt, dass ein Defizit, Verlust, Misserfolg oder Ähnliches einen Schatten auf unser gesamtes Leben wirft und zum Fokus unseres Empfindens wird.

Genau dieser Schatten war wohl die Ursache dafür, dass der Mann in der Geschichte sein Leben nicht mit allen Facetten wahrgenommen hat; seine liebevolle Familie, sein wärmendes Zuhause, seinen Beruf, den er gerne ausübt, die schönen Stunden mit seinen Freunden – all das verblasste angesichts des schmerzenden Teils, der seinem ganzen Leben eine düstere Farbe gab. Erst die Gnade, mit einem Engel die Halle der Kreuze betreten zu dürfen, ebnete ihm den Weg zu einer Einstellung, durch die er mit seinem Leben, so wie es war, zufrieden sein konnte. Diese Haltung, mit dem Leben, so wie es ist, zufrieden zu sein, ist der Inbegriff der Dankbarkeit. Dankbarkeit lockt das Glück aus seinem Versteck. Dankbarkeit bedeutet nicht nur, für einen Gefallen, für schöne Augenblicke oder Ähnliches dankbar zu sein; sie ist vielmehr ein Lebenskonzept und eine Grundeinstellung. Dankbarkeit in ihrer ganzen Tiefe ist eine reife, harmonische und fruchtbare Auseinandersetzung mit der Realität und ein Schlüssel zum Glücklichsein.

Das Glück in dem zu suchen, was sein könnte, ist wie Einatmen im Vakuum: Man atmet Leere ein. Dagegen ist Dankbarkeit als Grundeinstellung Einatmen des Lebens in seiner ganzen Fülle.

4.

DER SCHWANGERE KOCHTOPF

*In persischen Erzählungen gibt es eine Figur, den Mullah, der oft
der Hauptakteur in scharfsinnigen und witzigen Geschichten ist –
aber nicht immer zu seinem Vorteil.*

Der Mullah hatte einen seltsamen Nachbarn, der schlau, gerissen, egoistisch und nur auf seinen Vorteil bedacht war, und die ganze Gegend hielt ihn für einen Gauner. Eines Tages kam dieser Nachbar zum Mullah, um sich einen großen Kochtopf zu leihen. Der Mullah gab den Topf ein wenig widerwillig aus der Hand, denn einerseits traute er sich nicht ganz, seinem Nachbarn den Wunsch abzuschlagen, aber andererseits hatte er ein Unbehagen, ihm etwas zu leihen, weil er ihm misstraute.

Der Nachbar brachte den Topf aber am nächsten Tag anstandslos zurück. Mehr noch: Als der Mullah den Deckel hob, sah er, dass sich in dem großen Topf ein winzig kleiner Topf befand. Da fragte er überrascht:

„Wo kommt denn dieser kleine Topf her? Das ist doch gar nicht meiner."

Da erwiderte der Nachbar:

„Doch, er gehört dir! Denn als du mir deinen Topf gegeben hast, da muss er wohl schwanger gewesen sein. Jedenfalls brachte er gestern Abend diesen kleinen zur Welt."

Da hatte der Mullah wieder gemischte Gefühle. Denn es war ihm völlig klar, dass ein Kochtopf kein Kind gebären kann, und er dachte, der kleine Topf stehe ihm nicht zu. Er dachte aber auch, durch die Dummheit von solch einem Gauner zu einem zusätzlichen Topf zu kommen ist zwar moralisch nicht ganz korrekt, aber vertretbar. Letztlich siegte die Gier über die Moral und er nahm auch den kleinen Kochtopf an.

Als der Nachbar ihn in der nächsten Woche wieder um den großen Kochtopf bat, half ihm der Mullah mit der leisen Hoffnung aus, sein Topf könne wieder „gebären". Doch diesmal kam der Nachbar nicht, um ihm den Topf wiederzubringen. Der Mullah wartete und wartete. Schließlich, nach einer Woche, ging er zu seinem Nachbarn hinüber.

„Warum bringst du mir meinen Topf nicht zurück?", rief er. „Ich brauche ihn jetzt selbst!"

Da antwortete der Nachbar mit einem traurigen Gesicht:

„Es tut mir furchtbar leid, lieber Nachbar, aber ich kann dir deinen Topf nicht wiedergeben. Denn diesmal ist er bei der Geburt gestorben ..."

DIE WEISHEITEN IN UNSEREM UNBEHAGEN

Diese Geschichte deckt von den vielfältigen menschlichen Facetten zwei Schwächen auf: Die eine ist zu wenig Grenzsetzung und ein halbherziges Nein, die andere ist Habgier. Der Mullah, sonst ein rechtschaffener und besonnener Mensch, hat nicht auf seinen inneren Impuls geachtet. Er hatte ein Unbehagen, als er seinem berüchtigten

Nachbarn einen Topf leihen sollte. Er spürte auch ein Unbehagen, als er die Wahl hatte, den kleinen Topf anzunehmen oder nicht. Beide Male überging er sein Unbehagen und zahlte schließlich den Preis dafür.

Das Unbehagen des Mullah wollte ihn auf diese Schwächen aufmerksam machen und ihm sagen, wie er solche Situationen meistern kann. Es wollte ihm nahelegen:

Überwinde die Angst, die ein Nein mit sich bringt, und sprich das Nein aus, das du fühlst.

Das unrechte Verhalten anderer ist keine Rechtfertigung dafür, selbst unrecht zu handeln.

Wenn du selbst weißt, dass das, was du nimmst, einem anderen schadet, dann nimm es nicht.

Wenn dir die Dummheit einmal nützt, sei gewiss, sie wird dir hundertmal schaden. Also begegne der Dummheit besonnen und mit Klugheit.

Nun schauen wir uns „Nehmen" und „Nein-Sagen" genauer an:

Nehmen hat tausende Facetten und kommt in jedem Lebensbereich vor: im materiellen, emotionalen, sozialen, sexuellen und allen weiteren Lebensbereichen. Und bei vielem, was wir unbedacht nehmen, glauben wir, es koste nichts. Aber wir müssen es doch bezahlen, ob unmittelbar oder später. Die bittere Wahrheit ist: Preise, die nicht bekannt sind, sind meistens höher, als man denkt. Wenn du möchtest, schau, aus welchem Bereich du hin und wieder von jemandem genommen hast oder noch nimmst. Und wenn du ganz ehrlich zu dir bist, wird dir vielleicht bewusst, dass du doch einen Preis in irgendeiner Form dafür zahlst und dass das eine oder andere Nehmen doch zu teuer ist. Also: Nicht den Kaffee trinken, der schmeckt, sondern den Kaffee, den man auch gerne bezahlt.

Schauen wir uns nun das Nein-Sagen an. Ein Pendel schwingt auf beiden Seiten gleich hoch, entsprechend dem Yin-Yang-Prinzip und dem harmonischen Gleichgewicht von Gegensätzen. Nichts *anderes gilt für Ja und Nein. Wenn das „Nein“ flüchtig und kraftlos ist, dann geht auch das „Ja“ nicht unter die Haut. So wie wir das Ja für das Leben brauchen, für die Beziehung, für den Beruf und für alle anderen Bereiche, so brauchen wir auch das Nein.*

Doch es ist normal und menschlich, dass wir in dieser oder jener Situation dem einen oder anderen gegenüber nicht den Mut zu einem kraftvollen und entschlossenen Nein aufbringen. Aber letztlich ist es eine latente Angst, die uns bremst. Doch auf die Dauer ist es unentbehrlich, die verborgene Angst aufzuspüren und die Schwelle zum Nein zu überwinden. Denn je höher die Schwelle des Neins, umso beflügelnder das Gefühl, wenn man sie doch überwindet. Es lohnt sich also, so lange über die kleinen Kiesel des Neins zu hüpfen, bis man das Fliegen über den hohen Felsen des mächtigen Neins lernt.

Die Geschichte möchte uns vermitteln:

Nimm dein Unbehagen ernst, es will dir etwas sagen.
Was das Nein-Sagen betrifft, bedeutet das konkret:
Wenn du ein „Nein“ fühlst, dann sprich es aus.

5.

TOD OHNE STACHEL

*Frei nach einer Geschichte aus der Literaturstunde
in meinem letzten Schuljahr.*

Joseph, ein scharfsinniger und geschickter Händler, beherrschte die Kunst, aus jeder Situation das Beste für sich herauszuholen, jedoch ohne jemals zu lügen oder mit Absicht zu betrügen. Auch im hohen Alter war er bei klarem Verstand und behielt seine Fähigkeit, geschickt zu handeln.

Eines Morgens, bevor er sich daranmachte, zu seinem Geschäft zu gehen, klopfte jemand an seine Tür. Er öffnete und sah ein Wesen von ungewöhnlicher Gestalt.

„Wer bist du?", fragte Joseph.

„Ich bin der Tod und heute hat deine letzte Stunde geschlagen."

Etwas überrascht sagte Joseph:

„Aber ich bin noch nicht bereit!"

Der Tod erwiderte:

„Aber dein Name steht auf meiner Liste an erster Stelle und du kannst dein Schicksal nicht abwenden."

Trotz der bedrohlichen Präsenz des Todes fragte Joseph unerschrocken und entschlossen:

„Wenn meine letzte Stunde geschlagen hat, dann habe ich doch noch eine Stunde, oder?"

„Ja, du hast noch eine Stunde."

„Dann lass uns diese sinnvoll verbringen. Lass uns einen Tee trinken."

Der Tod stimmte dem zu und setzte sich gemütlich hin, während Joseph sich leichtfüßig und beschwingt daran machte, den Tee zu bereiten. Von dem Tod unbemerkt gab Joseph einige Tropfen Schlafmittel in eines der Gläser und reichte dieses dem Tod. Als der Tod seinen Tee trank, fiel er sogleich in einen tiefen Schlaf. Das war der Plan des pfiffigen Händlers gewesen. Er nahm die Todesliste, strich seinen Namen vom ersten Platz und schrieb ihn an das Ende der Liste.

Als der Tod aufwachte, fühlte er sich entspannt und sagte gut gelaunt zu Joseph:

„Du bist ein netter Mensch. Du hast mich freundlich empfangen und mich mit einem bekömmlichen Tee bewirtet. Deshalb werde ich meine Liste heute vom Ende aus durcharbeiten."

DER AUGENBLICK ENTMACHTET DEN TOD

Manche mögen diese Geschichte voller Überzeugung so deuten: Man kann seinem Schicksal eben nicht entgehen – Punkt. Will uns das diese Geschichte wirklich vermitteln? Soll etwa die Selbstverständlichkeit, dass der Tod unumgänglich ist, die Aussage der Geschichte sein?
Nein, ganz und gar nicht.

Die Botschaft der Geschichte liegt für mich darin, wie Joseph dem Tod begegnete. Im Angesicht des Todes brach Joseph nicht zusammen, er verlor nicht den Boden unter seinen Füßen. Er bettelte nicht schluchzend um eine Rettung, sondern fragte sich selbst, was das Beste sei, was er mit der Zeit, die ihm zur Verfügung stand, machen konnte. Er machte das, was Leben ist: Er verweilte im Augenblick. Seine Gedanken schweiften nicht an das Ende der Stunde, sondern blieben im unmittelbaren Hier und Jetzt, im Augenblick des Geschehens. Er blieb bei sich, wach und lebendig. Joseph erlaubte dem Tod nicht, ihn zu verängstigen und in die Knie zu zwingen. Er hat der Hoffnung verboten, seinen Blick für die Realität, dass er sterben wird, zu versperren. Er wartete nicht auf ein Wunder, sondern fragte sich, was sein Beitrag in der ihm noch verbleibenden Zeit sein könnte, und plante mit klaren Gedanken, klaren Schritten und einer klaren Vision den Verlauf dieser Zeit – und mit dieser Haltung bereitete er den Tee. Er selbst gestaltete die Situation und blieb dadurch der Schöpfer, anstatt sich zum Opfer der Geschehnisse zu machen.

Trotz der vitalen Präsenz von Joseph in jedem Augenblick, also einer Haltung, welche die Geschichte uns ans Herz legen möchte, mag ein gestandener Pessimist denken: Was haben seine Unerschrockenheit, seine Fähigkeit, im Augenblick zu bleiben und aus diesem heraus zu handeln, Joseph letztlich genützt? Er hat sein Schicksal doch nicht abwenden und sein Leben verlängern können!

Dass solche Fragen so naheliegen, zeigt, wie eingeschränkt unser Blick auf das Leben, das Schicksal und den Tod ist. Solche Gedanken voller Enttäuschung und Zweifel und solche Gefühle der Verlassenheit und Ohnmacht sind natürlicher Teil der gedanklichen und emotionalen Realität, auch wenn sie sehr beängstigend und entmutigend sind. Es geht aber weder darum, diese Gedanken und Gefühle einfach beiseitezuschieben, noch darum, Unabwendbares wie den Tod zu ignorieren und den realen Tatsachen den Kampf anzusagen – ganz im Gegenteil.

Es geht darum, sich gewahr zu sein und anzunehmen, dass Tod, Verlust von Menschen, die man liebt, und Dingen, die einem am Herzen liegen, sowie Versagen und Verlassenwerden integrale Bestandteile des Lebens sind. Mit dieser Akzeptanz der unabwendbaren Dinge des Lebens lassen sich die erdrückenden Gedanken und einengenden Ängste überwinden, man kann mit der Realität leben und das Leben mit seiner lebendigen Vielfalt gestalten und genießen. Und genau nach diesen Maximen lebte Joseph bis zum letzten Augenblick, denn er hat seinen Namen nicht von der Todesliste gestrichen, sondern ihn lediglich an das Ende der Liste gesetzt.

Vielleicht eröffnet uns diese Geschichte ihre tiefere Weisheit, wenn wir uns anschauen, was den Tod so bedrohlich macht, warum sich jeder davor fürchtet und warum Joseph dennoch keine Angst davor hat.

Die Schöpfung hat uns gelehrt zu überleben, aber sie hat uns nicht beigebracht zu sterben. Und dieses Versäumnis der Schöpfung ist die Quelle aller Ängste und alles, was uns Angst macht, hat dieselbe verborgene Wurzel: die Angst vor dem Tod. Aber Angst vor dem Tod ist im Kern Angst vor dem Leben. Sie begegnet uns in verschiedenen Lebensphasen und Situationen unter verschiedenen Namen und in unterschiedlicher Gestalt.

Aber um welche Ängste geht es hier genau? Eine dieser Ängste ist die Angst davor, die Kontrolle zu verlieren. Leben ist ein fließender Prozess. Es möchte in Bewegung bleiben und sich seinen eigenen Weg bahnen, wie ein Fluss durch eine Landschaft. Das Bedürfnis, gar der Zwang zur Kontrolle will jedoch aus diesen natürlichen Biegungen des Lebensflusses einen begradigten Kanal machen, um den Strom des Lebens zu zähmen. Dieses Bedürfnis neigt dazu, zum Beispiel Beziehungen mit ihrem unendlichen Potenzial und ihren Entfaltungsmöglichkeiten in ein Szenario mit einem vorgegebenen Drehbuch umzuwandeln. Bei jedem Prozess, bei jedem Streben und Vorhaben verhindert die Kontrolle den Blick für die Weite des Ho-

rizontes und reduziert den Blick auf einen einzigen Punkt. Deshalb geraten Menschen, die mit dem Drang zur Kontrolle ihr Leben zu meistern versuchen, zwangsläufig in Panik und verlieren den Boden unter ihren Füßen, wenn sie mit dem Tod konfrontiert werden, weil der Tod der ultimative Verlust jeder Kontrolle ist.

Eine andere Angst, die dem Gedanken an den Tod innewohnt, ist die Angst, nicht „richtig gelebt" zu haben. Aber was ist ein richtiges Leben? Wann ist ein Tag schön und eine Beziehung erfüllt? Wann ist ein Gehalt ausreichend, eine Tätigkeit sinnvoll? Wann ist eine Freude vollkommen? Wann sind die Tränen der Trauer zu Ende geweint und wann verliert der Stachel der Sehnsucht sein Gift? Wann ist eine Entscheidung ein Fluch und Loslassen ein Segen? Wann hat man keine Fragen mehr und wann fängt das Glück an? Wenn man bei dieser oder jener Frage immer wieder von dem Zweifel geplagt wird, nicht die richtige Antwort gefunden und die passende Entscheidung getroffen zu haben, dem Gefühl, dass man es hätte besser machen können und Ähnliches, peinigt man sich ewig durch das Gefühl, nicht richtig gelebt zu haben. Und wenn man auf das „richtige Leben" wartet, hat man auch keinen Platz für den Tod.

Die folgende Metapher soll dies verdeutlichen: Du gehst spontan ins Kino und bist begeistert von dem Film. Er war lebendig, heiter und bereichernd. Wenn der Film zu Ende ist, bist du voller Elan. Nach solch einem Film hält dich nichts in deinem Sessel fest und du verlässt das Kino mit Freude und Leichtigkeit. Wenn du dir andererseits sehr viel von einem Film versprochen hast, aber du den Film als langweilig erlebst, die Handlung als oberflächlich und die Rollen sind mit ungeeigneten Schauspielern besetzt, dann, nach dem Ende dieses Films, nach durchlittenen Stunden, lastet die Schwere des Gedankens: „Soll das alles gewesen sein?" auf dir und fesselt dich an deinen Sessel. Mit dieser Befindlichkeit fällt es dir irgendwie schwer, aufzustehen und gelassen zu gehen.

Mit dem Leben und dem Tod verhält es sich etwa so wie mit dem Kinobesuch und dem Erleben des Films. Menschen, die darunter leiden, nicht „richtig gelebt" zu haben, und die vom Leben enttäuscht sind, hängen am Leben, wollen keinen Abschied nehmen und können nicht gelassen gehen. So gesehen geht es in dieser Geschichte nicht um die Angst vor dem Tod, sondern um die Lust auf das Leben, die dem Tod den Stachel nimmt – eben mit einer Lebenshaltung wie der von Joseph, der in jedem Augenblick sein Leben bewusst, frei von Angst und voller Freude gestaltet hat.

Auf den Punkt gebracht: Ein Mensch mit einem selbstbestimmten Leben, der immer wieder der Schöpfer der Augenblicke ist, der dem Leben nichts vorschreibt, der für all das offen ist, was ihm das Schicksal bringt, und der das Beste daraus macht, fürchtet den Tod nicht.

DIE REITENDEN IMAME

Eine Geschichte aus meinem Religionsunterricht.

Nach traditionellem Brauch reisten zwei Imame mit ihren Schülern an einem bestimmten Tag im Jahr zu Ehren eines großen Gelehrten an dessen Grab. Diese Reise dauerte immer einen Tagesritt. Bei einer dieser Reisen fiel den Schülern auf, dass der Imam Abdullah während der ganzen Reise immer vor allen anderen ritt, während der Imam Resa immer als Letzter der Gruppe folgte.

Ein paar ehrgeizige Schüler, die alles erkunden und ergründen wollten, rätselten, ob es eine Bedeutung hatte, dass der eine Imam ganz vorn und der andere am Ende ritt. Und so ging das Rätselraten los.

Da sagte einer der Schüler: „Imam Abdullah ist jung und voller Kraft, deshalb reitet er auch immer so schnell und ist immer vorn. Hoffentlich überschätzt er sich nicht."

Ein anderer fügte hinzu: „So etwas Ähnliches habe ich auch gedacht. Und ich denke, der Imam Resa ist nicht nur viel älter, sondern auch ein bisschen unsicher."

Wiederum ein anderer äußerte: „Ich weiß nicht, ich weiß nicht. Mit allem Respekt, aber ich habe das Gefühl, das ist die Zielstrebigkeit von Imam Abdullah, die mit ihm durchgeht."

Ein weiterer Schüler fuhr fort: „Genau! Im Gegensatz zu Imam Resa, der eher zu zögerlich ist. Auch im Unterricht zeigt er keine Eile und ist recht langsam."

Da sich die Schüler nach langem Austausch doch nicht einigen konnten, beschlossen sie, einfach die Imame selbst um die Lösung des Rätsels zu bitten.

So ritten sie schneller, um Imam Abdullah einzuholen, und fragten ihn, warum Imam Resa immer am Ende des Zuges reite. Darauf antwortete Imam Abdullah:

„Die große Weisheit und das umfassende Wissen des Imam Resa lasten schwer auf dem Rücken seines Pferdes. Deshalb kann es nicht schneller laufen."

Verwundert über diese Antwort und neugierig, was Imam Resa sagen würde, verlangsamten die Schüler ihren Ritt, bis dieser mit ihnen aufgeschlossen hatte. Dann fragten sie ihn, weshalb Imam Abdullah immer an der Spitze reite. Imam Resa erwiderte:

„Die große Weisheit und das umfassende Wissen des Imam Abdullah verleihen seinem Pferd Flügel. Deshalb kann es so leicht und beschwingt vorantraben."

VON MASSSTÄBEN UND URTEILEN

Wir messen die Welt mit unseren eigenen individuellen Maßstäben. Also ist das, was wir wahrnehmen, das Resultat unserer Bewertung. Mit den Worten von Bruno-Paul de Roeck: „Wenn du etwas erlebst, so ist es meistens nicht so sehr der objektive Inhalt des Geschehens, der dir den stärksten Eindruck macht, sondern mehr die Beziehung, die du dazu hast ... Das, wofür du dich besonders interessierst, drängt sich in den Vordergrund und beeinflusst deine ganze Aufmerksamkeit, alles andere wird Hintergrund."[2] Das heißt insbesondere: Je differenzierter die Maßstäbe eines Menschen, je weiter sein Horizont, umso feinfühliger, realistischer und umfassender erlebt und beurteilt er die Welt, das Leben und alles, was sich darin befindet. Andererseits hat man eine umso eingeschränktere Sicht der Welt und der Dinge, je mehr der eigene Horizont und die eigenen Maßstäbe eingeengt sind, sei es durch unreflektierte Ich-Bezogenheit oder durch eine starke Fokussierung auf Äußerlichkeiten. Beispielsweise sind für einige Menschen Äußerlichkeiten wie sozialer Status, Aussehen und diverse Formen von Leistung von erheblicher Bedeutung.

Vor diesem Hintergrund gibt es eine Erklärung dafür, warum die Bewertungen der Schüler über die Imame eher abwertend ausfielen. Zu den bevorzugten Maßstäben dieser jungen Schüler gehören Eigenschaften wie Ehrgeiz, das Bedürfnis nach Anerkennung und Glänzenwollen, sich in den Vordergrund drängen und Ähnliches. Und mit diesen Maßstäben beurteilten sie auch das Handeln und Verhalten ihrer Lehrer. Ganz anders waren jedoch die Urteile der beiden Imame. Sie sind erleuchtete Menschen, durch die Lehrstätte des Lebens gereifte Persönlichkeiten. Weisheit, Tiefe, ein weiter Horizont und Liebe sind die Basis ihrer Wahrnehmung und die Quelle ihrer Urteile. Ihrer eigenen Größe entsprechend sah jeder Imam in dem anderen dessen Größe, seinen geistigen Tiefgang und seine Liebe.

Ich glaube, diese Geschichte will dich und mich auf unsere Wahrnehmung und unsere Urteile aufmerksam machen. Sie will uns dazu anregen, nicht unseren Gedanken und Gefühlen blind zu folgen, sondern uns zu fragen, warum wir so fühlen, denken und urteilen. Wenn wir mit den Antworten, die wir auf die Fragen des Lebens

---

2 Zitiert aus Bruno-Paul de Roecks Werk „Gras unter meinen Füßen: Eine ungewöhnliche Einführung in die Gestalttherapie".

geben, also damit, wie wir Ereignisse, Situationen, Gegebenheiten und Menschen wahrnehmen und auf sie reagieren, nicht glücklich sind – warum geben wir keine anderen Antworten?

Wir geben keine anderen Antworten, weil wir die Fragen des Lebens gar nicht hören. Dazu ein Beispiel:

Die Frage, die unsere Zahnschmerzen uns stellen, ist einfach zu beantworten: Geh zum Zahnarzt! Aber die Frage, die uns der Schmerz nach einer Trennung stellt, ist eine komplexe Frage. Soll ich weiter um die Beziehung kämpfen? Oder die Trennung akzeptieren? Was habe ich wirklich verloren? Was tut mir wirklich weh? Und die fruchtbarste Frage wäre: Was in mir selbst ist die Quelle dieses Schmerzes? Im Grunde ist genau das der tiefere Sinn dieses Schmerzes: unseren Blick nach innen zu richten statt nach außen. Und solche Fragen sind die Fragen des Lebens, die wir aber nicht als Frage empfinden, sondern als einen Antrieb, unseren Bedürfnissen nachzugehen.

Doch wir selbst sind die Antwort auf diese Fragen. Die wirkliche Antwort ist zu schauen, was tief in uns abläuft, was unser tiefstes, innerstes Bedürfnis ist, nach dem sich all unsere anderen Bedürfnisse ausrichten und das wir vergebens durch die Befriedigung unserer anderen Bedürfnisse zu stillen versuchen. Zum Beispiel sollten wir nicht dem Drang, eine Beziehung um jeden Preis aufrechtzuerhalten, unreflektiert nachgehen, anstatt zu lernen, uns uneingeschränkt zu bejahen. Die Notwendigkeit, das zu tun, was wir selbst für unser inneres Gleichgewicht tun müssen, kann durch eine bessere Gestaltung der äußeren Gegebenheiten nie ersetzt werden.

Die Kernaussage dieser Geschichte ist: Mit unseren Urteilen schreiben wir das Drehbuch unseres Lebens. Je wacher und bewusster wir die Seiten dieses Buches füllen, umso realistischer und erfüllender können wir unser Leben gestalten.

7.

STERNENNACHT

Wieder einmal, wie seit Millionen von Jahren, blickten die Sterne auf die Erde und wieder einmal stritten sie, welcher von ihnen für die Erdbewohner der majestätischste und schönste Stern sei. Da sagte Jupiter:

„Ich bin der einzige Stern mit wunderschönen Ringen. Deshalb habe ich einen ganz besonderen Stellenwert."

Da erwiderte Saturn mit einem hämischen Lachen:

„Erstens sind deine Ringe nur ein Haufen Geröll und zweitens sieht man sie von der Erde mit bloßem Auge nicht einmal. Aber mich, als den hellsten Stern, sehen und bewundern die Menschen."

Da Sirius der Meinung war, er müsse im Namen aller Sterne sprechen, warf er ein:

„Ihr unwissenden, mickrigen Geschöpfe! Ihr seid nicht einmal Sterne! Im Gegensatz zu uns seid ihr nur Planeten. Ihr seid nicht die Quelle des Lichtes, das ihr ausstrahlt. Ihr reflektiert nur das Licht eurer Sonne; in eurem Herzen brennt nicht die Glut, die die Himmelskörper zu Sternen macht."

Durch den gemeinsamen Feind fühlten sich Jupiter und Saturn kurzfristig als Verbündete und teilten den Sternen lautstark mit:

„Euer schwacher und flackernder Schein imponiert uns nicht. Wir sind die hellsten Sterne in den dunklen Nächten auf der Erde. Und der Rest kümmert uns nicht. Punkt!"

In diesem Moment warf ein Stern, der eine etwas rötliche Farbe hatte, Sirius vor:

„Du hast uns Sterne nicht angemessen und ehrenhaft genug vertreten! Du hast nur von unserer Helligkeit gesprochen, aber nicht von der Pracht unserer Farbigkeit. Du hast zum Beispiel kein Wort über meinen wunderschönen rötlichen Schimmer verloren."

Kaum hatte er das gesagt, da protestierte der Stern mit dem blauen Schimmer:

„Und was ist mit Blau, der Farbe des Himmels, eben meiner Farbe?!"

Und so entstand, wie seit Ewigkeiten, nicht nur ein heftiger Streit zwischen Planeten und Sternen, sondern auch zwischen den Sternen selbst. Da erschien ein Komet, der alle hundert Jahre zwischen den Planeten und Sternen seine Kreise zieht, und bat alle um Gehör.

„Ihr streitet euch seit einer Ewigkeit bloß um eure Farbe, eure Helligkeit, eben um das Äußere, euren Schein. Habt ihr euch aber jemals gefragt, ob euer Glanz vielleicht auch irgendjemandem nützt? Nein, das habt ihr nicht! Aber es gibt einen Stern, der weder durch seine Helligkeit noch durch seine Farbe glänzt. Und er braucht das auch nicht. Er ruht in sich, hält sich gelassen zurück und ist beglückt, weil er in seiner Berufung aufgeht. Er befolgt mit Freude seine Aufgaben und ist der einzige unter euch, der den Menschen tatsächlich dient und nützt."

Überrascht fragten die Sterne:

„Welchen von uns meinst du?"

„Den Polarstern."

„Und welcher ist er und wo steht er?"

„Seht ihr, so wie ihr denkt und die Dinge bewertet, ist es kein Wunder, dass ihr die Bedeutsamkeit des Polarsterns nicht erfasst habt und deshalb auch nie nachgeschaut habt, wo er steht. Aber die Menschen, die die Bedeutung des Polarsterns als einen kosmischen Kompass erkannt haben und sich nach ihm richten, wissen genau, wo er steht."

Da erklang die tiefe Stimme einer Galaxie aus der Tiefe des Alls:

„Und was ist mit dir, du Komet, glaubst du nicht auch, über andere erhaben zu sein, weil du seit Jahrtausenden durch den Kosmos reist?"

Da fühlte sich der Komet ertappt und setzte schweigend den Weg auf seiner Bahn fort.

VOM SCHEINEN UND DIENEN

Indem der Polarstern immer präsent ist, den Menschen nützt und ihnen hilft, auf dem endlosen Ozean und in weiten Wüsten ihren Weg zu finden, bekommt er ihre Beachtung und Anerkennung. Die Dankbarkeit der Menschen ist ihm sicher, ohne dass er sie sucht oder braucht. Er gewinnt Bedeutung durch sein Wirken. Und das ist tausendmal mehr wert als das Ansehen, das die anderen Sterne durch ihren Schein und Glanz anstreben.

Die Art und Weise wie die Himmelskörper miteinander umgehen, erinnert ein bisschen an die Erdbewohner, die Menschen: Einige führen ein Leben wie der Polarstern; sie sind präsent, empathisch, hilfsbereit und liebevoll. Die Übertragung dieser Geschichte auf uns Menschen verdeutlicht, wie sinnstiftend es für uns selbst und für andere ist, wenn man im Sinne des Polarsterns fühlt, denkt und handelt. Die Aussage der Geschichte könnte man auch als die Wahl zwischen zwei Einstellungen auffassen: entweder in der Kategorie „wir" oder in der Kategorie „entweder du oder ich" zu denken. Eine Grundeinstellung, die nur im Kampf die Möglichkeit der Selbstbehauptung sieht, hindert uns daran, in der Kategorie des Wir zu denken, und ist letztlich destruktiv. Denn das „Wir" als Ausgangspunkt des eigenen Handelns eröffnet den Weg zu Empathie und lenkt den Blick auf das Wohl und die Interessen der anderen. Es ist langfristig bereichernder, diese bei der Befriedigung der eigenen Bedürfnisse mit zu berücksichtigen, als sich ausschließlich auf die Bedürfnisse des eigenen Ego zu fokussieren. Das ist eine Art des Lebens, die dem Wesen und Wirken des Polarsterns nahekommt.

8.
DAS LABYRINTH DER ENTSCHEIDUNG

Frei nach einer Geschichte, die mir ein Freund bei einer Diskussion über den Drang, andere Länder zu kolonialisieren, erzählte.

Eine ältere Mutter lebte mit ihren zwei erwachsenen Söhnen in Marseille. Sie liebten sich sehr und die Beziehung zwischen ihnen war sehr innig. Doch der ältere Bruder zog in den Krieg gegen Algerien, um die Interessen seines Landes zu wahren und Algerien, das er als Teil Frankreichs ansah, nicht herzugeben. Dort kämpfte er freiwillig an vorderster Front und fiel.

Dieser Verlust war eine große Katastrophe für die Mutter und den jüngeren Bruder und brachte unbändigen Schmerz über beide. Im Laufe der Zeit wuchs in dem jüngeren Bruder ein Hass gegen Algerien und er wurde von dem Gedanken getrieben, ebenfalls dort zu kämpfen, einige Algerier zu töten und so seinen Bruder zu rächen. Andererseits dachte er auch:

„Meine Mutter hat schon einen Sohn verloren, und wenn ich in den Krieg ziehe und auch sterbe, wird sie diesen zusätzlichen Schmerz nicht überleben."

Das ewige Hin und Her seiner Abwägungen, das ihm wie eine hilflose Suche nach einem Ausweg aus einem Labyrinth schien, plagte ihn und machte ihn krank. Seine Freunde, die sein Schicksal, sein Leid und seine Zweifel kannten, rieten ihm nach einer Weile Folgendes:

„Schau, einer der größten Philosophen unserer Zeit, Jean-Paul Sartre, lehrt in Paris. Er als ein weiser Denker wird bestimmt eine Lösung für dein Dilemma haben und dich gut beraten. Geh hin und frage ihn, wie du dich entscheiden sollst."

So geschah es auch. Der jüngere Bruder fuhr nach Paris und erkundigte sich an der Universität, wo er Sartre finden könne. Man zeigte ihm den Weg zu einem Hörsaal mit dem Hinweis:

„Aus dieser Tür wird Sartre gegen zwölf Uhr kommen."

So wartete er ungeduldig und in der Tat, nur wenige Minuten nach zwölf kam Sartre mit einer Schar von Studenten aus dem Hörsaal. Der junge Mann ging direkt auf ihn zu, erörterte sein Anliegen und bat Sartre eindringlich um einen Rat, wie er sich entscheiden sollte.

Sartre legte seine Hand auf die Schulter des jungen Mannes und sagte:

„Es war gut und notwendig, dass du die lange Reise gemacht hast, um einen Rat zu bekommen. Und jetzt gebe ich dir diesen Rat: Du fährst heute noch zurück nach Hause zu deiner Mutter. Morgen, wenn du aufwachst, wirst du genau wissen, was du machen sollst, und du wirst es auch tun."

Der junge Mann nickte, bedankte sich und ging.

Die Studenten, die alles mitgehört hatten, waren sehr erstaunt über Sartres Antwort und einer fragte ihn deshalb:

„Aber wenn dieser Mann nun selbst zu entscheiden hat, was er tun soll, hätte er doch nicht zu Ihnen kommen brauchen, um Sie um Rat zu bitten."

Sartre aber erwiderte:

„Er kam nicht zu mir, um nach Rat zu fragen. Er kam, um seine Entscheidung bestätigen zu lassen. Und das habe ich getan."

EIN ZUHAUSE FÜR VERLUST UND FEHLER

Woher wusste Sartre, dass die Entscheidung, die der junge Mann am nächsten Tag treffen würde, die richtige wäre? Das wusste Sartre natürlich nicht. Aber warum hat er dann solch einen Rat erteilt?

Weil er wusste, worum es in Wirklichkeit geht. Man muss kein Philosoph oder großer Denker sein, um zu erkennen, dass es im Leben Situationen gibt, in denen keine Entscheidung per se richtig oder falsch ist. So ist es auch in diesem Fall. Deshalb ist es wichtig, überhaupt eine Entscheidung zu treffen, und genau das hat Sartre dem jungen Mann mit auf den Weg gegeben. Bei näherem Hinschauen steckt schon ein Teil der Wahrheit und Weisheit dieser Geschichte in dem Wort Ent-Scheidung. Ent-Scheidung enthält „Scheidung", Trennung. Wenn man nicht bereit ist, von etwas Abschied zu nehmen, sich von etwas zu trennen, dann ist man auch nicht in der Lage, eine Entscheidung zu treffen. Sartre hat dem jungen Mann also nicht irgendeine Entscheidung empfohlen, sondern er hat ihm den Mut vermittelt, sich überhaupt zu entscheiden, also den Mut, sich von etwas zu trennen, weil es manchmal nicht anders geht.

Hinter der Angst vor einem Abschied oder einer Trennung, die einen an einer Entscheidung hindert, stecken aber manchmal noch weitere Ängste, die noch etwas tiefer verborgen liegen. Es sind die

Angst, einen Fehler zu machen, und die Angst, mit einem Verlust nicht zurechtzukommen.

Beim Treffen einer Entscheidung läuft ein komplexer Prozess ab, der mit dem Prozess, der beim Bewältigen von Konflikten stattfindet, vergleichbar ist. Bei einem Konflikt handelt es sich um zwei Bedürfnisse, die gleichzeitig existieren, und die Befriedigung von einem Bedürfnis schließt die Befriedigung des anderen aus. Nach dieser Definition ist die Bewältigung eines Konfliktes nichts anderes als der Abschied von einem Bedürfnis und das Akzeptieren eines Verlustes.

Die Angst davor, Fehler zu machen, hat ihren Ursprung darin, dass wir schlicht und ergreifend vergessen, dass wir keine Götter sind. Denn nur Götter machen keine Fehler. Aber wir sind Menschen, und Fehler zu machen ist unser natürliches Recht. Ein Fehler kann zum Beispiel eine falsche Entscheidung sein und auch darauf haben wir selbstverständlich ein Recht.

Menschen, die zu Passivität neigen, ewige Zweifel hegen und ein blockierendes Unbehagen bei Entscheidungen und beim Handeln empfinden, verwerfen diesen Gedanken mit der Begründung: „Dann kann man sich ja jeden Mist erlauben, weil man ein Recht darauf hat." Aber das Recht, Fehler zu machen und falsche Entscheidungen zu treffen, gibt keinen Freibrief dafür, bewusst Fehler zu machen, sondern gibt uns den Mut, die Gelassenheit und die Leichtigkeit, überhaupt eine Entscheidung zu treffen und sie auch in die Tat umzusetzen. Eine Entscheidung, die wir nicht treffen, ist wie eine Last, die wir nicht ablegen. Je häufiger und wichtiger die Entscheidungen sind, die aufgeschoben werden, umso größer wird die unnötige Last auf unseren Schultern, die ein leichtfüßiges Gehen durch die Landschaft des Lebens erschwert.

Die Einstellung, dass es unser natürliches Recht ist, Fehler zu machen, können wir mit Leichtigkeit übernehmen, wenn wir uns folgende Tatsachen bewusst machen: Heute, so wie ich heute fühle, denke und handele, so wie ich heute bin, mit dem, was ich kann und weiß, treffe ich eine Entscheidung. Es ist möglich, dass ich morgen mehr weiß und anders fühle, denke und handele und zu einer anderen Entscheidung kommen würde. Aber ich kann heute nicht so sein, wie ich morgen sein könnte.

Die zweite dieser Ängste ist die Angst, mit einem Verlust nicht klarzukommen. Da Verlustängste – also die Angst vor dem Verlust einer Person, unseres Vermögens, unserer Gesundheit, unseres Ansehens, sozialen Status und so weiter – zu den häufigsten und vertrautesten menschlichen Plagen gehören, schauen wir sie uns näher an. Wie der Begriff nahelegt, besteht Verlustangst aus zwei Komponenten: dem Verlust selbst und der Angst vor dem Verlust.

Ganz allgemein bedeutet Verlust: Aus meiner Welt ist etwas herausgefallen und das, was wegfällt, hinterlässt, je nachdem, worum es geht, funktionale oder emotionale Lücken – oder beides. Zum Beispiel wird ein Mann von seiner Lebensgefährtin verlassen. Wenn er die Sexualität, warme Mahlzeiten und gebügelte Hemden, also quasi die Dienstleistungen vermisst, ist das ein funktionaler Verlust. Wenn er aber den Menschen mit all seinen Facetten vermisst, dann handelt es sich um einen emotionalen Verlust. Gewiss kann er, wenn auch in unterschiedlichem Ausmaß, auch beides vermissen – den Menschen und die Dienstleistungen.

Je bewusster es uns gelingt, zwischen dem emotionalen und dem funktionalen Anteil des Verlustes zu unterscheiden, umso leichter fällt es uns auch, den Verlust zu bewältigen, denn die beiden Anteile bedürfen einer unterschiedlichen Denk- und Handlungsweise: Einem emotionalen Verlust kann man nur auf emotionaler Ebene begegnen; ein natürlicher Begleiter eines emotionalen Verlustes ist Trauer. Die Botschaft der Trauer lautet: „Akzeptiere!" Dies bedeutet konkret, Trauerarbeit zu leisten, das heißt, allmählich die Welt, die etwas nicht mehr enthält, das ich liebte und das für mich eine besondere Bedeutung hatte, zu akzeptieren. Es bedeutet anzunehmen, dass diese Welt ab jetzt die Realität ist und die Welt, in der ich zu leben lernen werde.

Um dem funktionalen Teil des Verlustes zu begegnen, ist etwas Funktionales notwendig, ein Handeln, Planen, eine Aktion. Man vermisst zum Beispiel eine Dienstleistung und muss für deren Ersatz sorgen.

So weit zum Umgang mit Verlusten. Wie bewältigt man die andere Komponente der Verlustangst – die Angst?

Angst ist grundsätzlich zukunftsorientiert, denn sie ist immer Angst vor etwas, das passieren könnte. Während die Botschaft der Trauer von kollektivem Charakter ist und immer vermittelt „Akzeptiere!", enthält die Botschaft der Angst neben ihrem kollektiven Charakter eine individuelle Färbung – und dies schließt eine kollektive Antwort aus. Die individuelle Färbung will dem Individuum etwas ganz Konkretes vermitteln. Und dieses konkrete Etwas lässt sich erkennen, wenn man sich so lange fragt, wie man diese Angst überwinden kann, bis bei der Antwort keine andere Person mehr vorkommt. Zum Beispiel enthält der Gedanke „Ich habe Angst, meinen Lebenspartner zu verlieren" eine andere Person außer einem selbst. Durch diese Art zu denken hält man die Angst durch Abhängigkeit von einem anderen aufrecht. Dagegen schließt der Gedanke „Ich kann auch alleine mein Leben gestalten" den anderen aus und hilft so, die Angst zu überwinden.

Folgende Gedanken sollen uns den Sinn und Zweck der Angst verdeutlichen: Schmerz, zum Beispiel körperlicher Schmerz, hat einen schlechten Ruf. Aber bei näherem Hinschauen ist Schmerz unser rettender Engel, weil er uns als Alarmzeichen auf etwas aufmerksam machen will. Zum Beispiel sagt mir mein Zahnschmerz: „Geh zum Zahnarzt!" Nicht anders ist es mit der Angst. Auch Angst hat, wie der Schmerz, einen schlechten Ruf. Aber Angst ist, wie der Schmerz, auch unser rettender Engel, weil sie uns auf etwas aufmerksam machen will: auf die Ursache der Angst und darauf, wie man sie überwindet.

Wenn wir das erkennen und lernen, in Schmerz und Angst unsere rettenden Engel zu sehen, können wir sie mit Leichtigkeit empfangen und besonnen ihren Botschaften folgen.

In den obigen Beschreibungen und Beispielen wurde die Angst, eine Entscheidung zu treffen, auf die Angst vor Verlust und die Angst, Fehler zu machen, zurückgeführt. Diese Aspekte kann man im Kern so zusammenfassen:

„Ich werde in meinem Leben Entscheidungen treffen mit dem Wissen, meine Entscheidungen können sich als Fehler erweisen, es kann vieles geschehen, worauf ich keinen Einfluss habe, und Verluste sind grundsätzlich nicht vermeidbar. Meine Fehler und Verluste zuzulassen, ihnen in meinem Herzen ein Zuhause zu geben und offen für all das zu sein, was das Schicksal uns bringt, ist nicht nur das beste Elixier gegen Angst, sondern gibt uns auch die Gelassenheit und Entschlossenheit und letztlich die innere Freiheit, eine Entscheidung zu treffen. Entscheidungen sind die treibende Kraft des Lebens. Wenn ich sie treffe, dann bestimme ich, was geschieht, und bleibe der Schöpfer meines Lebens. Liegt die Entscheidung aber nicht in meiner Hand, dann gibt mir meine innere Freiheit die Einsicht und die Kraft, das zu akzeptieren, was ich nicht ändern kann."

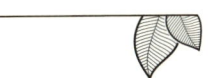

9.

FLIEGENDE SCHEISSE

Ein Freund rief mich eines Sonntags beim Frühstück an und wollte am gleichen Tag noch, am besten sofort, eine Sache mit mir besprechen. Da ich diesen Freund gut kannte und mit seinen Problemen sehr vertraut war, konnte ich mir denken, worüber er schon wieder mit mir sprechen wollte. Kaum kam ich dazu, eine Antwort zu geben, fügte er hinzu:

„Ich weiß, dass du sonntags vormittags Jogging machst. Ich laufe einfach mit und wir können dabei über mein Problem reden, denn das belastet mich wirklich sehr und ich kann es kaum noch ertragen."

Gesagt, getan. Wir trafen uns also auf dem Parkplatz am Wald und liefen gemeinsam los. Schon nach wenigen Minuten begann er, kochend vor Wut, seine Probleme zu erörtern. Im Großen und Ganzen ging es ihm um Folgendes: Seine Freundin mache immer wieder Bemerkungen, die ihn sehr verletzten, und es mache ihn wütend, dass sie bei jedem Vorhaben und jedem Vorschlag von ihm etwas hinzufügen und kritisieren müsse, dass sie ihn mit Vorwürfen bombardiere und dass man es ihr nicht recht machen könne. Weitere Beispiele und Wiederholungen folgten und er fragte mich zwischendurch:

„Was rätst du mir? Was soll ich machen? Wie kann ich sie zur Vernunft bringen, damit sie mich nicht weiter so verletzt und quält?"

Ich hörte aufmerksam zu, schaute aber ständig rechts und links auf den Weg, bis ich das fand, was ich suchte. Da sagte ich zu meinem Freund:

„Bitte bleib hier stehen." Ich aber ging ein paar Schritte vor, pflückte von den herumstehenden Bäumen ein paar große Blätter, bückte mich und nahm mit diesen Blättern den Haufen, den ein Hund hinterlassen hatte, behutsam auf. Ich drehte mich zu meinem Freund um und sah, wie er mich mit großen Augen und voller Entsetzen anschaute. Er fragte mich fassungslos:

„Was machst du da?!"

Anstelle einer Antwort sagte ich:

„Fang!" und warf den Haufen Hundescheiße voller Wucht auf ihn zu.

Er sprang instinktiv zur Seite und beschimpfte mich wüst:

„Spinnst du? Was soll dieser Blödsinn?"

„Ich habe nur deine Frage beantwortet. Schau: Als du sahst, dass Scheiße auf dich zufliegt, hast du dich zur Seite gedreht und die Scheiße an dir vorbeifliegen lassen. Aber bei der ‚Scheiße‘, die deine Freundin auf dich zuwirft, drehst du dich nicht zur Seite. Du stellst dich hin und fängst jede Scheiße voll auf. Kein Wunder, dass du dich beschissen fühlst."

DIE SCHÜTZENDE HAUT DER SEELE

Ganz ehrlich, zuerst fand ich, dass in einem Buch, das mit analytischem Anspruch und poetischer Sanftheit Wege zur Leichtigkeit vermitteln will, das Wort „Scheiße" keinen Platz hat. Aber diese Geschichte ist real und ich bewarf meinen Freund tatsächlich mit Scheiße – und es wirkte nachhaltig und heilend. Deshalb habe ich mich doch entschieden, den Träger der Botschaft beim Namen zu nennen.

Die Botschaft dieser Geschichte liegt nicht im Flug eines Haufens Scheiße, sondern in der Art und Weise, wie man damit umgeht. Entweder man reagiert gelassen, dreht sich zur Seite und lässt sie vorbeifliegen. Oder man macht sich freiwillig zur Zielscheibe und stellt sich so hin, dass man die volle Pracht auffängt. Ich präzisiere: Man macht sich nicht nur zur Zielscheibe, sondern man stellt sich haargenau so hin, dass das Geschoss die Mitte der Zielscheibe, also unser Herz trifft.

Für meinen Freund war die Scheiße das Verhalten und die Äußerungen seiner Freundin; für einen anderen sind es die kritischen Bemerkungen des Vorgesetzten oder Kollegen, die Vorwürfe der Eltern oder Schwiegermutter, schlechtes Wetter, ein Stau auf der Autobahn, jemand, der sich an der Kasse vordrängelt, und so weiter.

Bevor wir bewusst etwas wahrnehmen, also irgendeiner Äußerung oder einem Ereignis eine Bedeutung beimessen, hat unser Unterbewusstes das schon längst getan. Symbolisch formuliert: Bevor etwas unseren Leib berührt, hat unsere Seele es schon längst empfangen. In diesem Sinne ist die Haut auf der Seele eines Lebenskünstlers gegen alle destruktiven äußeren Impulse immun und undurchdringlich. Das heißt, er nimmt solche Impulse nicht persönlich. Deshalb beherrschen Lebenskünstler die Kunst, sich zur Seite zu drehen und all die Scheiße an sich vorbeifliegen zu lassen.

Der kürzeste Weg, sich glücksfähiger zu machen, ist zu üben, die Dinge nicht persönlich zu nehmen. Dieser Satz mag sehr vertraut, sogar plakativ wirken. Aber die Einstellung, die er vermitteln möchte, ist eine der segensreichsten Fähigkeiten, die ein Mensch erlangen kann. Die Dinge nicht persönlich zu nehmen bedeutet, nicht an sich zu zweifeln, sich zu genügen und sich zu bejahen, sich anzunehmen, wie man ist. Das ist der wirksamste Schutz für die Haut unserer Seele. Er gibt uns die Stabilität und die innere Freiheit, zwischenmenschliche Konflikte mit Leichtigkeit zu bewältigen.

10.

DER UNBESIEGBARE RINGER

Frei nach einer Geschichte, die uns unser Sportlehrer erzählt hat.

In den Ländern um das Kaspische Meer ist Ringen ein beliebter Nationalsport und viele Jungen träumen davon, eines Tages berühmte Ringkämpfer zu sein. So auch der Junge, von dem diese Geschichte handelt. Schon von klein auf wünschte er sich von ganzem Herzen, eines Tages ein großer Ringer zu werden, und er hielt mit außergewöhnlicher Entschlossenheit an diesem innigen Wunsch fest. Doch obwohl er seine Eltern wieder und wieder um Unterstützung bat, halfen sie ihm nicht. Denn nicht nur seine Eltern, sondern auch alle anderen waren davon überzeugt, dass er niemals würde ringen können, geschweige denn dass er ein großer Ringer werden würde. Diese allgemeine Überzeugung lag daran, dass dem Jungen von Geburt an der linke Arm fehlte – was aus seiner Sicht jedoch kein Hindernis war.

In demselben Land lebte ein alter und erfahrener Trainer, der schon viele erfolgreiche und berühmte Ringkämpfer ausgebildet hatte. Er war für seine ungewöhnlichen Trainingsmethoden ebenso bekannt wie dafür, dass er seine Schüler mit der größten Sorgfalt auswählte: Von all den hoffnungsvollen und talentierten Jungen, die sich ihm vorstellten, machte er nur die begabtesten und stärksten zu seinen Schülern. Und aus seinen wenigen Schülern wurden große Ringer.

Nach all dem unermüdlichen Drängen ihres Sohnes wandten sich die Eltern in ihrer Verzweiflung schließlich an diesen Lehrmeister. Sie waren sich sicher: Wenn ihr Sohn auf den Rat eines Menschen hören würde, von dem Wunsch, ein Ringer zu werden, abzusehen, dann wohl auf den Rat dieses anerkannten Meisters. Vielleicht könnte er sich dann endlich seinen hoffnungslosen Traum aus dem Kopf schlagen.

Doch als der alte Meister den Jungen sah und hörte, mit welcher Leidenschaft er den Wunsch hegte, ein namhafter Ringer zu werden, sagte er zum größten Erstaunen aller:

„Dich nehme ich als Schüler an."

Schon am nächsten Tag begann er mit dem Unterricht. Er zeigte dem Jungen einen einzigen Griff und erlegte ihm auf, diesen Griff unermüdlich zu üben. Das tat der Junge. Nach langen Wochen des Übens fragte er voller Ehrfurcht, aber doch mit etwas Ungeduld:

„Wann bringst du mir den nächsten Griff bei?"

Der Meister bestand darauf, dass er nur diesen einen Griff weiterüben sollte. Das wiederholte sich einige Male, denn der Meister wollte erreichen, dass diese eine Übung dem Jungen in Fleisch und Blut überging und ein Teil von ihm würde.

Schließlich war es so weit und der erste Wettkampf des Jungen fand statt. Zur Überraschung aller Zuschauer, vor allem aber seiner Eltern, gewann er diesen Wettkampf. Er gewann auch den zweiten Wettkampf und alle weiteren. Seine Gegner wurden immer stärker, doch er besiegte sie alle. Schließlich trat er in der überfüllten Arena der Hauptstadt gegen den besten Ringer des Landes an. Er war größer, stärker und erfahrener als der Junge. Dennoch gewann dieser auch den Kampf gegen ihn. Das unfassbare Wunder, das keiner glauben konnte, war wohl geschehen.

Daraufhin wurde der Meister gefragt: „Wie konnte dieser Junge dieses Wunder vollbringen?"

Er erklärte: „Ich habe ihm einen Griff beigebracht, der effektiver ist als alle anderen Griffe im Ringen. Denn diesen Griff kann man nur dann abwehren, wenn man den linken Arm des Gegners zu fassen bekommt. Und da dieser Junge keinen linken Arm hat, kann keiner sich der Macht seines Griffes entziehen."

VON DER ÜBERWINDUNG DES UNMÖGLICHEN

Wenn man sagt, jemand sei verrückt, ist damit gemeint, dass er psychisch nicht „normal" ist. Diese Deutung steckt schon in dem Wort ver-rückt. Verrückt sein ist also ein Abrücken, ein Sich-Entfernen von etwas, und dieses Etwas ist die Realität – es geht also um Realitätsverlust. Aber was hat das mit unserer Geschichte zu tun?

Nach aller Erfahrung und Vernunft und bei realistischer Betrachtung ist es sehr unwahrscheinlich, dass ein einarmiger Mensch ein großer Ringer wird. Doch in dieser Geschichte wurde aus etwas, das sehr unwahrscheinlich schien, die pure Realität. Natürlich kann man jetzt sagen: „Ja, in Geschichten ist alles möglich, aber doch nicht in der realen Welt."

Ist das wirklich so?

Wie war die Realität vor, sagen wir, tausend Jahren? Damals erschien die Vorstellung, dass der Mensch fliegen kann, dass er nicht nur in seinen Körper, sondern sogar in jede einzelne seiner Zellen hineinschauen kann, dass er mit einem kleinen Gerät, das in seine Hand passt, mit Menschen auf der anderen Seite der Welt von Ange-

sicht zu Angesicht reden kann, unrealistisch und absurd, die Vision eines Ver-rückten. Und doch sind diese Dinge heute alle Selbstverständlichkeiten unseres Alltags und pure Realität. Demzufolge ist die Beurteilung, was real oder irreal, verrückt oder normal ist, in aller Regel eine Frage der Zeit, des Wissenshorizontes, des Glaubens und der Überzeugung. Und unsere Geschichte ist ein gutes Beispiel dafür.

Das Wissen um das grundsätzliche menschliche Potenzial und die Möglichkeit, gewisse Barrieren, die unüberwindbar erscheinen, doch zu überwinden, war schon in allen Zeiten und Kulturen Allgemeingut und findet seinen Ausdruck in Gedanken wie: „Glaube versetzt Berge."

Die Moral dieser Geschichte, der Erfolg des Ringers, ist kein Versprechen wie:

„Handele mit Überzeugung und von ganzem Herzen und du wirst jede Barriere überwinden."

Sie will uns stattdessen sagen:

„Handele mit Überzeugung und von ganzem Herzen, trotz aller Barrieren. Lebe für das, was du willst, aber mit dem, was ist."

Der eigentliche Triumph des einarmigen Jungen lag nicht in dem Sieg über den größten Ringer des Landes, sondern darin, in seiner Barriere kein Hindernis zu sehen. Formelhaft zusammengefasst: „Äußere Barrieren sind meistens händelbar. Was wirklich hindert, ist die innere Mauer."[3] Und diese Mauer hat der junge Ringer überwunden.

---

3 Aus dem Buch „Ein Schritt zur Seite" von Mohsen Charifi.

11.

DER PREIS DER RACHE

Angelehnt an eine Geschichte, die ich während meines
Psychologie-Studiums in einer Lerngruppe hörte.

Es waren einmal ein Pfarrer und ein Schreiner, die in einem Dorf lebten. Als Diener Gottes empfand sich der Pfarrer als ein besonderer Mensch, dem besondere Anerkennung, Respekt und Aufmerksamkeit gebühren. Aber er war ein egoistischer, unfreundlicher, kaltherziger und rechthaberischer Mensch, der in der Kirche nur von der Verführung durch den Teufel, die Sünden der Menschen und dem Zorn Gottes sprach und der seine Seelsorge immer damit beendete, dass er das letzte Wort behielt.

Der Schreiner dagegen war gutmütig, sanft und herzlich. Wenn er den einen oder anderen im Dorf längere Zeit nicht gesehen hatte, fragte er nach ihm und erkundigte sich, ob bei ihm alles in Ordnung sei. Er ging aber nicht oft in die Kirche. Es überrascht nicht, dass dieser Schreiner bei allen Dorfbewohnern beliebter war als der Pfarrer. Es gab kein Familienfest und keinen besonderen Anlass, zu dem der Schreiner nicht eingeladen war. Der Pfarrer aber wurde nur wegen seiner Aufgaben, zum Beispiel bei Eheschließungen oder Beerdigungen gerufen.

All das nahm der Pfarrer mit Bitterkeit im Herzen wahr und die Beliebtheit des Schreiners war ihm ein Dorn im Auge, denn sie widersprach seiner Überzeugung, dass es sein gutes Recht sei, in der dörflichen Hierarchie über dem Schreiner zu stehen und mehr Respekt und Anerkennung zu bekommen als dieser. Er war neidisch auf den Schreiner und wütend auf die Dorfbewohner, weil sie ihn nicht so behandelten, wie er es von ihnen erwartete. Deshalb betete er oft voller Zorn zu Gott, dass er diese Ungerechtigkeit beenden solle. Schließlich sei er doch sein Diener und der Schreiner bloß ein Handwerker, der kaum das Haus Gottes besuche. Doch es schien so, als habe der Herr kein Gehör für die Gebete des Pfarrers, denn es änderte sich nichts.

So vergingen Jahre voller Zorn und Bitterkeit – bis zu einem Weihnachtsabend, als der Schreiner wieder einmal so viele Einladungen bekommen hatte, dass es ihm schwerfiel, sich zu entscheiden, mit welcher Familie er das Fest feiern sollte. Der Pfarrer dagegen war wieder ganz alleine in seiner Kirche. Er kniete vor dem Altar und beklagte sich voller Zorn immer wieder beim Herrn, wie lange er noch auf sein Recht warten solle. Da erklang ein lauter Donner, ein starker Wind fuhr auf und der Raum füllte sich mit einer Stimme, die sprach:

„Du sollst erhört sein und dein Begehren soll in Erfüllung gehen. Ein Wunsch wird dir gewährt, aber sei dir gewiss, dass von allem, was du dir wünschst, der Schreiner zweimal so viel erhält."

Da lächelte der Pfarrer und sagte unmittelbar:

„Herr, ich danke dir, dass du mich erhört hast. Ich habe nur einen Wunsch: Nimm mir ein Auge."

VON DER ZÄHMUNG DER RACHE

Die Absurdität dieser Geschichte soll zunächst verdeutlichen, wie viel es uns bedeutet, Anerkennung zu bekommen oder Rache zu üben, und wie sehr wir bereit sind, dafür sogar einen hohen Preis zu zahlen. In tieferen Schichten der Seele haben diese beiden Emotionen zusammen mit einer Reihe anderer destruktiver Gefühle eine gemeinsame Quelle: Diese ist ein geringes Selbstwertgefühl, ein „Nein" zu sich selbst, das zu Ohnmachtsgefühlen und unangemessener Selbstbehauptung führt. Denn dieses Nein in uns braucht das Ja von außen. Und je mehr das Ja von außen verweigert wird, umso größer wird der Drang nach Anerkennung, Geltung, Recht-Behalten, Rache-Üben und Ähnlichem.

Während Rache immer eine Zerstörung und etwas Destruktives in die Welt bringt, kann aus dem Wunsch nach Anerkennung und Bestätigung sowohl etwas Destruktives als auch zuweilen etwas Konstruktives entstehen. Schauen wir uns zum Beispiel an, wie eine erlebte Ohnmacht zwei liebende Männer einmal zur Rache und Zerstörung führt und einmal zu einer konstruktiven Handlung, die das Gefühl der Anerkennung und Bestätigung vermittelt.

Der Erste begehrt eine Frau über alle Maßen und ist gänzlich abhängig von ihr. Aber sie verlässt ihn wegen eines anderen. Seine Reaktion ist, dass er seinen Rivalen und seine Geliebte erschießt.

Der andere liebt eine Frau innig und sie ist emotional eine tragende Säule in seinem Leben. Auch sie verlässt ihn wegen eines anderen Mannes. Er kompensiert diesen Verlust, indem er zum Beispiel eine Symphonie komponiert oder sich voller Energie ehrenamtlich in einer gemeinnützigen Organisation engagiert. So gelingt es ihm, die entstandene emotionale Lücke zu füllen und die verlorene Anerkennung zu ersetzen.

Dieser Transfer von Ohnmachts- und Verlustgefühlen in ein konstruktives Handeln und Schaffen ist weit mehr als bloße Kompensation. Er kann auch einen Reifeprozess bedeuten, gar die Erweiterung der Persönlichkeit.

Die Grundeinstellung des Pfarrers in unserer Geschichte war nicht friedvoll, empathisch, umarmend und wärmend. Als er von Gott die Möglichkeit bekam, neu zu wählen, entschied er sich deshalb für Zerstörung, obwohl er selbst davon betroffen war. Wäre er nicht durch Hass und Rachegefühle blind gewesen, hätte er sich wünschen können:

„Herr, lass jeglichen Neid und jegliche Sucht nach Anerkennung aus mir verschwinden, sodass ich mich annehme, so wie du mich geschaffen hast, und alle Menschen liebe, so wie sie sind."

So hätte er nicht nur den Respekt und die Anerkennung bekommen, die sein Herz begehrte, ohne sich selbst und anderen zu schaden, sondern er wäre auch geliebt worden.

Sowohl im persönlichen Bereich als auch als Therapeut und Coach habe ich immer wieder erfahren, dass ein Problem – von welcher Art auch immer – eine Gabelung ist, eine Entscheidung, entweder das Gute in sich umzusetzen und an dem Problem zu wachsen oder dem Problem freien Lauf im eigenen Leben zu lassen und sich damit unglücklich zu machen. Diese Gedanken zu beherzigen bringt die Erkenntnis mit sich, dass wir die Wahl haben, uns als Opfer zu fühlen oder als Schöpfer zu handeln.

12.

GESPRÄCH ZWEIER UMSCHLÄGE

Ein Kaufmann ging spät abends von seinem Geschäft nach Hause. Er trug einen Aktenkoffer bei sich. Darin befanden sich unter anderem zwei Umschläge, ein weißer und ein rosafarbener, die ins Gespräch kamen.

„Du", fragte der rosa Umschlag, „was trägst du in dir?"

Der weiße antwortete voller Hochmut:

„Einen Scheck über 10.000 Dinar. Und du?"

„Einen Liebesbrief, den mein Herr an seine Geliebte geschrieben hat."

„Also nicht etwas Besonderes, etwas Wichtiges, wie ich es in mir trage", warf der weiße Umschlag dem rosafarbenen spöttisch entgegen.

Genau in dem Moment, als der rosa Umschlag etwas erwidern wollte, hörten sie plötzlich, wie der Kaufmann von einem Räuber bedroht wurde. Es gab einen schweren Ruck, denn der Räuber riss dem Kaufmann die Aktentasche aus der Hand und rannte mit ihr davon.

Da sagte der weiße Umschlag zu dem rosafarbenen:

„Du siehst, du hattest nur für den Kaufmann eine Bedeutung; für einen anderen bist du wertlos und so ist dein Sinn verloren gegangen. Ich aber behalte meinen Wert, egal wer mich besitzt!"

Der rosa Umschlag antwortete:

„Aber der Sinn, den du für den Kaufmann hattest, ist ihm verloren gegangen. Doch das, was ich in mir trage, mein Sinn, ist ein Abbild dessen, was mein Herr in seinem Herzen trägt – und das kann ihm keiner nehmen."

AUF DER SUCHE NACH DEM SINN

Das Gespräch dieser beiden Briefumschläge bewog mich dazu, mich mit der Frage auseinanderzusetzen: Was von alledem, was ich in meinem Leben tue, privat und beruflich, bleibt mir wirklich erhalten? Was macht wirklich Sinn in meinem Leben? Was gehört in meinen weißen Umschlag und was in meinen rosafarbenen? Zum Beispiel fragte ich mich, wie ich das Gesamtpaket meiner Tätigkeit als Therapeut, Coach und Autor bewerten sollte. Denn all das tue ich, weil es mir Freude macht und weil ich es als meine Berufung empfinde. Aber gleichzeitig verdiene ich auch Geld damit. Eine naheliegende Antwort wäre: Ein Teil gehört in den rosa und ein Teil in den weißen Umschlag. Aber in welchem Verhältnis? Und welchen Anteil meines Lebens soll ich dem einen und welchen dem anderen widmen?

Eine Antwort, die sowohl meine Vernunft überzeugt als auch mein Herz befriedigt hätte, vermochte ich in der folgenden Zeit nicht zu finden. Doch die offene Frage verfolgte mich quälend und drängte nach einer Antwort. Nach langer Zeit verabredete ich mich mit einem alten Freund, der als Abteilungsleiter für die Kreditvergabe und Vermögensberatung verantwortlich war. Wir hatten einander viel zu berichten. Mit meiner unbeantworteten Frage im Hinterkopf fragte ich ihn:

„Wie viele Ersparnisse bräuchte ich, um im Alter meinen Lebensstandard einigermaßen halten zu können? Denn ich würde mich schon jetzt lieber mehr mit Dingen beschäftigen, die weniger mit Geldverdienen zu tun haben."

Als Antwort stellte er mir nur eine Frage:

„Wie viel Grabbeigabe möchtest du haben?"

Seine Antwort, die ich nie wieder vergessen werde, löste wie ein Zauber mein Problem, denn sie half mir unmittelbar, eine klare Entscheidung aus tiefstem Herzen zu treffen. Ich erkannte: Im Großen und Ganzen muss ich mich nicht allzu viel ums Geldverdienen, also um meinen weißen Umschlag, kümmern, denn letztlich berührt er nicht den Sinn meines Lebens. Und umso klarer wurde mir die große Bedeutung des rosa Umschlages. Denn wenn ich mich seinem Inhalt widme und ihn mehre, ist das nicht nur etwas, das mir selbst bleibt, sondern es hinterlässt auch Spuren für Fährtenleser, die ähnliche Wege suchen.

13.

SPÄTE EINSICHT

Frei nach den letzten Zeilen eines persischen Gedichtes.

Es war einmal ein mächtiger Adler. Er war nicht nur der König der Lüfte, sondern er herrschte auch über das Land in seinem Königreich. Manchmal flog er so hoch, dass die Wolken weit unter seinen Flügeln lagen und nur ein Stückchen Himmel ihn noch von der Sonne trennte. Und wenn er sich zeigte, blieben alle anderen Vögel in ihren Nestern, die Schafe liefen voller Furcht durcheinander und schrien, alle Schlangen verkrochen sich in ihren Löchern, alle Kaninchen rannten voll Panik in ihren Bau, denn alle wussten, dass sie für den König der Lüfte nur Beute sind und der Schatten seiner Flügel ihre Todesbotschaft ist. Der Adler war sich seiner uneingeschränkten Herrschaft bewusst und voller Hochmut und Stolz genoss er seine Macht. Er hatte keine Feinde und konnte in seinem Reich nach Belieben schalten und walten.

Eines Tages, als er erhaben seine Kreise zog, spürte er plötzlich einen stechenden Schmerz in seiner Brust. Die Tiefe des Schmerzes erfasste nicht nur seinen Leib, sondern erschütterte auch die Harmonie seines Flügelschlags. Aus dem majestätischen Schweben wurde ein ohnmächtiges Taumeln. Er überschlug sich in der Luft und wirbelte willenlos hinab. Mal sah er die Erde unter und mal über sich, bis er schließlich durch Baumwipfel hinab auf einen Felsvorsprung stürzte. Trotz seines großen Schmerzes wollte er das Unfassbare, das passiert war, begreifen. So hob er den Kopf und sah den Schaft eines Pfeils aus seiner Brust ragen. Und er erkannte, dass die Federn, die dem Pfeil überhaupt Stabilität und Führung verliehen, von seinen eigenen Flügeln stammten.

DER BEITRAG ZUM EIGENEN SCHICKSAL

Jemand macht ein paar Kreuze auf einem Lottoschein und gewinnt Millionen, sodass er fortan in Wohlstand lebt. Ein anderer läuft einen Gehweg entlang und ein schwerer Blumentopf fällt auf seinen Kopf, sodass er für den Rest seines Lebens an den Rollstuhl gefesselt ist. Die Kreuze auf dem Schein und der herabstürzende Blumentopf sind Ereignisse, die zwar das ganze Leben verändern, aber in nur einem einzigen Augenblick passieren. Solche Ereignisse sind aber sehr, sehr selten und wir haben sie nicht in der Hand. Doch in aller Regel sind Ereignisse und Entscheidungen, die unser Leben nachhaltig und maßgeblich prägen, uns glücklich oder unglücklich machen, keine Dinge des Augenblicks, sondern langfristige Prozesse, die wir in der Hand haben und selbst gestalten.

Natürlich kann der Adler ebenso wenig dafür, dass man mit seiner eigenen Feder einen Pfeil gemacht hat, der ihn zugrunde richtet, wie der Mensch, der durch den Blumentopf so schwer verletzt wurde. Aber die Geschichte erzählt ihre Weisheit durch Metaphern.

Aus meiner Sicht ist die eigene Feder an dem tödlichen Pfeil ein Symbol dafür, dass wir selbst mit dazu beitragen, dass wir hier oder dort scheitern und wie der Adler zu Boden geworfen werden. Diese Geschichte so zu verstehen bedeutet aber keine Schuldzuweisung wie: „Du selbst bist schuld an deinem Elend." Die Geschichte liefert vielmehr die befreiende Erkenntnis, dass du zu allem, was in deinem Leben geschieht, was dich beglückt oder unglücklich macht, zu Erfolg oder Misserfolg führt, und letztlich zu allem, was nachhaltig die Qualität deines Lebens bestimmt, selbst beiträgst. Auch wenn du manchmal glaubst, dass das Schicksal deinen Lebensweg zumauert oder dich durch seine Gaben beflügelt, du bist doch immer der Schöpfer der Augenblicke und der Architekt deines Lebens, denn du selbst bestimmst mit deiner Haltung und deinem Handeln darüber, wie du mit den Dingen, die man „Schicksal" nennt, umgehst.

Es bietet sich jetzt an, die Zeilen des persischen Gedichtes, an die diese Geschichte angelehnt ist, wiederzugeben:

Als er genau hinschaute, sah er seine eigene Feder. Er sagte: „Bei wem sollen wir uns beklagen? Denn was uns passiert, kommt von uns selbst."[4]

---

4 Aus einem Gedicht des persischen Dichters Naser Khosro.

14.
DER VERRÄTERISCHE HAHNENSCHWANZ

Frei nach einem Leitgedanken meines Vaters, den ich als Kind immer wieder hören musste, wenn er sich fragte: „Was soll man glauben – das, was die Leute sagen, oder das, was die Leute tun?"

In dem kleinen Städtchen Rhudbar gab es viele enge Gassen mit dicht beieinanderstehenden Häusern und jedes Haus hatte einen kleinen Hinterhof. In einem Haus hielt Karim, ein junger Mann, ein paar Hühner. Als er eines Tages den Käfig aufmachte, um nach Eiern zu suchen, flatterte sein einziger schöner Hahn, den er sehr mochte, aus dem Käfig und flog direkt über die Mauer in den Nachbarhof. Karim ging unmittelbar darauf zu dem Nachbarn und klopfte an dessen Tür.

Der Nachbar hatte den Hahn natürlich gesehen, und als er das Klopfen an seiner Tür hörte, wusste er auch, dass Karim gekommen war, um seinen Hahn zu holen. Da dem Nachbarn der schöne Hahn von Karim aber auch sehr gut gefiel, hätte er ihn am liebsten selbst behalten. In der Eile wusste er sich keine bessere Lösung, als den Hahn in der großen Tasche seiner Robe zu verstecken. Dann öffnete er die Tür.

Karim begrüßte den Nachbarn und sagte freundlich:

„Eben ist mein Hahn in deinen Hof geflogen. Ich wollte ihn nur kurz holen."

Der Nachbar erwiderte so überrascht er konnte:

„Ich habe aber keinen Hahn gesehen."

Da sagte Karim:

„Aber ich bin mir sicher, dass er über die Mauer zu deinem Hof geflogen ist. Er muss hier sein."

Der Nachbar unterbrach ihn mit den Worten:

„Ich schwöre dir auf alle Heiligen, dass ich deinen Hahn nicht gesehen habe!"

Karim zögerte eine Weile und mit einem bedächtigen Nicken antwortete er:

„Ich frage mich jetzt bloß: Wem soll ich glauben? Deinem Schwur auf alle Heiligen? Oder dem Schwanz des Hahns, der aus deiner Tasche herausguckt?"

WENN DIE WORTE IHRE MACHT VERLIEREN

Was will uns diese Geschichte sagen? Lüge nicht und stehle nicht! Das wären ein zu profaner Rat und eine zu oberflächliche Empfehlung. Geschichten greifen tiefer.

Oder will sie sagen: Wenn du stiehlst oder etwas Unrechtes tust, dann mache es schlau genug, damit du nicht erwischt wirst? Auch das nicht; dies widerspräche der Seele von Geschichten.

Welche Botschaft möchte uns die Geschichte stattdessen nahelegen? Ich denke, der Schwur und die Beteuerung des Nachbarn sind ein Symbol für das, was wir vermitteln wollen, also das, was andere sehen, hören und glauben sollen. Der versteckte Hahn repräsentiert das, was die anderen nicht erfahren sollen, also die wahre Absicht. Und der Schwanz des Hahns – und das halte ich für die Botschaft der Geschichte – zeigt, dass das nicht immer gelingt. Die wahre Absicht, die innere Haltung, kann man in der Regel nicht verbergen, wie eine Blume nicht ihren Duft und ein Kadaver nicht seinen Gestank verheimlichen kann.

Was möchte uns die Weisheit der Geschichte für unser alltägliches Leben vermitteln? Beispielsweise fragen zwei Verkäuferinnen dich mit demselben Satz: „Was hätten Sie gerne?", und du spürst unmittelbar, dass die erste unfreundlicher ist als die zweite. Was sie gesagt hat, war an sich ja nichts Unfreundliches, aber wieso kam es bei dir so an? Weil sie es zum Beispiel mit ihrer Stimmlage oder Mimik gezeigt hat, mit ihrem „verräterischen Hahnenschwanz".

Auch unsere eigenen „Hahnenschwänze" prägen unseren Alltag. Meine Gesprächspartner berichten über ihre Probleme und darüber, wie sie versuchen, diese zu lösen. Beispielsweise sagen sie zu ihrem Sohn, ihrem Mann oder ihrem Chef:

„Wenn du dein Zimmer nicht endlich aufräumst, kriegst du kein Taschengeld."

„Wenn du noch einmal betrunken nach Hause kommst, verlasse ich dich."

„Wenn Sie mich weiter unbegründet kritisieren, werde ich kündigen."

Sie beteuern zwar, dass sie diese Sätze immer wieder sagen und sie sehr ernst meinen – aber verwundert, wütend und manchmal resigniert schildern sie, dass ihre Forderungen nicht bei dem anderen ankommen und keine Wirkung zeigen.

Der Grund, weshalb sie ihr Anliegen nicht durchsetzen können, liegt an ihrem „Hahnenschwanz": Denn in ihrem Inneren herrscht die Überzeugung, dass sie ihre Drohungen höchstwahrscheinlich nicht umsetzen werden. Dies sagen sie zwar nicht mit ihren Worten, aber vermitteln es durch ihre Haltung. Und ihre Haltung, also ihr eigentliches Vorhaben, steht auf ihrer Stirn geschrieben. Der andere hört zwar ihre drohenden Worte, aber er liest auf ihrer Stirn, dass sie die Drohung nicht umsetzen werden.

Wenn einem diese Zusammenhänge bewusst werden, dann erfährt man, dass in der Tat nicht das beim Gegenüber ankommt, was man sagt, sondern dass man letztlich das erreicht, was die eigene tiefste Überzeugung ist. Man kann es auch so formulieren: Nicht, was wir hoffen und wünschen, geht in Erfüllung, sondern unsere Prophezeiungen. Die Mutter denkt nicht daran, ihrem Kind kein Taschengeld mehr zu geben. Die Ehefrau wird ihren weiterhin trinkenden Mann nie verlassen und die Angestellte wird nie kündigen. Und diese inneren Überzeugungen sind eben die Prophezeiungen, die in Erfüllung gehen.

Du kannst mit Zorn und Drohungen oder sogar ruhig und mit Argumenten immer wieder versuchen, den anderen zu einer Handlung zu bewegen – mit dem Resultat, dass du immer wieder mit Enttäuschung und Bitterkeit feststellst, dass es nichts nützt. Oder du wählst den Weg der Selbstbestimmung und Authentizität. Das bedeutet: Wenn es dir schwerfällt, deinen Beitrag dafür zu leisten, dass andere deine Bedürfnisse berücksichtigen, sieh nach, was dich wirklich daran hindert. Du wirst feststellen: Was dich hindert, sind Ängste und Ohnmachtsgefühle, die dir vielleicht nicht bewusst waren und mit denen du dich vielleicht deshalb noch nicht auseinandergesetzt hast. Gerade diese Gefühle wollen dir sagen, was deine wirklichen Aufgaben sind, was du in dir selbst anders machen musst, damit es außerhalb von dir anders wird.

Wenn alle Quellen der Angst trockengelegt und alle bösen Geister vertrieben sind, kann sich das Innere mit Leichtigkeit nach außen öffnen – mit klaren Absichten ohne „Hahnenschwanz", mit einer Sprache, die dir auch auf der Stirn steht.

Im Sinne der Geschichte: Menschen, die in sich ruhen, tragen keinen Hahnenschwanz.

DAS BLAUE ODER DAS WEISSE HEMD?

Frei nach einer Geschichte, die ein Kommilitone während eines Seminars über Persönlichkeit erzählte.

Ein gestandener Mann, liebevoll und sensibel, feierte seinen fünfunddreißigsten Geburtstag. Es gab ein großes Fest und viele Freunde, Verwandte und befreundete Kollegen waren da, um das Geburtstagskind zu beglückwünschen. So war er mit der Begrüßung und Bewirtung der vielen Gäste und dem Empfang ihrer Geschenke voll und ganz beschäftigt.

Als seine Mutter kam, ließ er alles stehen und liegen. Er kannte sie und wusste, wie empfindlich und vorwurfsvoll sie im Allgemeinen reagiert. Deshalb setzte er sich sofort zu ihr, nahm ihr Geschenk strahlend an und bedankte sich herzlich. Da er ganz genau wusste, dass sie es als Ablehnung sehen würde, wenn er ihr Geschenk ungeöffnet zu den anderen Geschenken legen würde, packte er es sofort aus. Es waren zwei Hemden, ein blaues und ein weißes. Trotz des inneren Widerstands gegen die Pflicht, sich abermals zu bedanken, setzte er ein Lächeln auf seine Lippen, das er mit den Worten schmückte:

„Mutti, du triffst immer die richtige Wahl!"

Um die ganze Prozedur der Dankbarkeit zu vollenden, zog er sich zurück. Beide Hemden gefielen ihm gleich gut und er zog das weiße, das gerade oben lag, an. Lächelnd kam er zu seiner Mutter zurück.

Aber noch bevor er etwas sagen konnte, sah er eine große Enttäuschung in ihrem Gesicht. Er hörte, wie sie leise sagte:

„Ach, das blaue gefällt dir nicht."

Wie gewohnt zähmte er seinen Zorn und zog sich voller Unverständnis und Bitterkeit schweigend zurück.

DÜNNE HAUT UND LEISES NEIN

Es ist, wie es ist. Man kann nur mit der Realität leben. Und zur Realität gehören nun mal Menschen, denen man in der Regel nichts recht machen kann. Die Mutter des Geburtstagskindes in unserer Geschichte ist ein Paradebeispiel für solche Menschen und Antworten wie „Ach, das blaue gefällt dir nicht" sind ihre Waffen, mit denen sie uns erschlagen und ohnmächtig machen.

Nun, an wen richtet sich diese Geschichte? An Menschen, denen man nichts recht machen kann, oder an Menschen, die mit ihnen leben müssen? Natürlich an beide, denn solche Spiele können nicht alleine gespielt werden. Wenn der eine die Bälle nicht mehr fängt, hat der andere auch keine Lust mehr, welche zu werfen. Sagt uns diese Geschichte vielleicht auch etwas darüber, wie wir erreichen, solche Spiele nicht mehr mitzuspielen?

Ja, aber erzählerisch. Der Zauber von Geschichten liegt darin, dass sie im Gegensatz zur Psychoanalyse die tiefen Ebenen der Psyche

nicht freilegen, sondern nur sanft und doch eindringlich auf sie hin-
weisen. Und mit der ansteckenden Leichtigkeit, mit der Geschichten
menschliche Konflikte und Probleme aufdecken, vermitteln sie auch
Wege, ihnen mit mehr Leichtigkeit zu begegnen.

Wie könnte diese Geschichte verlaufen, wenn wir davon ausgehen,
dass der Sohn die Bälle der Mutter nicht mehr fängt?

Der Sohn hatte alles getan, um seiner Mutter gerecht zu werden –
nur um doch wieder Unzufriedenheit zu sehen und einen Vorwurf zu
hören. Deshalb meldete sich wieder eine vertraute Wut, die er schon
oft in solchen Situationen erlebt hatte. Doch dieses Mal spürte er
zum ersten Mal den Drang, sich zu behaupten, und deshalb fragte er:

„Liebe Mutter, wie würdest du reagieren, wenn ich das andere
Hemd angezogen hätte?"

Diese Reaktion des Geburtstagskindes auf die Antwort seiner
Mutter, das Äußern seines inneren Nein, bringt die Botschaft hinter
dieser Geschichte auf den Punkt. Einerseits gibt er seiner Mutter die
Möglichkeit zu reflektieren, was sie mit ihrem Verhalten bewirkt: Sie
belastet nicht nur ihren Sohn, sondern sie bringt auch sich selbst um
die schönen Augenblicke und ersetzt sie durch Bitterkeit. Andererseits
beginnt der Sohn, eine längst notwendige Grenzsetzung in die Tat
umzusetzen und die Freiheit anzustreben, die ihm zusteht. Wenn
man aufhört, trotz des Unbehagens alles zu tun, um einen ewig
unzufriedenen Menschen zufriedenzustellen, entzieht man ihm die
Basis seines Verhaltens – zumindest unterstützt man es nicht mehr.

Werfern wir einen weiteren Blick auf die Geschichte und den
Umgang mit empfindlichen Menschen. Die Destruktivität der Emp-
findlichkeit wird besonders deutlich, wenn man sie mit Sensibilität
vergleicht. Sensible Menschen nehmen alle Nuancen des Geschehens
wahr, erkennen ihre Zusammenhänge und gehen besonnen damit
um. Empfindliche Menschen dagegen nehmen nur einen Teil des
Geschehens wahr – gerade den Teil, durch den sie sich verletzt füh-
len. Und das ist immer der Teil der Geschehnisse, der ihren wunden

Punkt berührt. Sie reagieren entweder mit Bitterkeit und nach innen gerichteter Resignation oder fordernd mit nach außen orientierter Aggression, aber meistens pendeln sie vom einen zum anderen.

Je ehrlicher wir darauf achten und je häufiger wir uns bewusst machen, ob wir empfindlich statt sensibel reagieren, umso größer wird unser Vermögen, sensibel zu handeln. Denn sensibles Handeln ist im Kern nicht nur die sanfteste, sondern auch die wirksamste Form der Selbstbehauptung und Grenzsetzung. Das ist das Geschenk dieser Geschichte.

16.
DIE GEBURT DES DRACHEN

In einem tiefen Tal gab es einmal eine Siedlung, die weit entfernt von allen anderen Dörfern und Städten des Landes lag. Die Isoliertheit dieser Siedlung bot einen guten Nährboden für alt hergebrachten Aberglauben und Gerüchte und ein offenes Tor für Gespenstergeschichten. Es verging kein Tag, an dem nicht der eine oder andere Dorfbewohner von einem bösen Geist oder einem Ungeheuer mit furchterregender Gestalt gehört oder es gar gesehen haben wollte.

Nur ein Bauer unter ihnen glaubte nicht an diesen ganzen Spuk. Er kümmerte sich fleißig um seine Felder, lebte glücklich mit seiner Familie und beteiligte sich nie an den Schauergeschichten und Gerüchten der anderen Dorfbewohner.

Eines Tages erzählte der Dorfälteste, dass er von einem Drachen mit massigem Körper, fingerlangen Zähnen, spitzen Klauen und feuerroten Flügeln geträumt hatte. Der Drache sei über das Dorf hergefallen und habe jeden der Bewohner, den er zu greifen bekam, zerfleischt und gefressen. Diese Geschichte verbreitete sich wie üblich sehr schnell und jeder fügte etwas mit seiner überaus lebendigen Phantasie hinzu. Besonderen Eindruck machte es, als einer der Bewohner erzählte, er habe auf einem Markt im Nachbartal von einem Ungeheuer gehört, auf das die Beschreibung genau passte. Und dieses würde immer bei Vollmond zuschlagen.

So wurde aus dem Gerücht Gewissheit und eine tiefe Angst ergriff die Dorfgemeinschaft, weil in wenigen Tagen Vollmond sein würde.

Als der besagte Abend anbrach und der Vollmond bereits in der Abenddämmerung am Himmel erschien, verkrochen sich alle Bewohner in ihren Häusern und verschlossen Türen und Fenster. Die besonders Ängstlichen und Gläubigen begaben sich in die Hände Gottes, indem sie in der Kirche Schutz suchten. Aber neugierig, wie sie trotz aller Furcht waren, sahen sie von oben, von dem Turm, herab in ihr Dorf. Während sie voller Sorge in alle Richtungen schauten, hörten sie beängstigende Geräusche, sahen, wie sich eine schauerliche Gestalt einen Weg durch die Bäume bahnte und sich dem Dorf unter gierigem Wittern näherte. Mit Schrecken sahen sie auch, dass der fleißige Bauer vor seinem Haus unbekümmert die letzten Arbeiten des Tages zu Ende brachte und das Herannahen des Ungeheuers nicht bemerkte.

Laut schrien die Leute von dem Turm herab:

„Der Drache! Der Drache! Er kommt auf dich zu! Er ist direkt hinter dir!"

Der Bauer hörte sie und drehte sich um. Er guckte und rief überrascht zurück:

„Aber ich sehe keinen Drachen!"

Als die Leute auf dem Turm sahen, dass der Drache seine Klauen nach dem Bauern ausstreckte und sein Maul aufriss, schlossen sie die Augen und hielten sich die Ohren zu, um das fürchterliche Geschehen nicht zu sehen und die Schreie des Bauern nicht zu hören. Die bangen Sekunden, die ewig erschienen, vergingen, aber sie hörten nichts. Zögernd öffneten sie ihre Augen wieder und sahen ein Bild, das sie nicht glauben konnten. Der Bauer stand mitten in dem Drachen wie ein Baum im Nebel. Während der Bauer weiter unbekümmert seiner Arbeit nachging, kroch der Drache weiter, bis er aus der Sicht der Dorfbewohner verschwand.

DER DRACHE NAMENS ANGST

Um mit der Angst besser umgehen zu können und sie leichter zu überwinden, muss man wissen, dass es zwei Quellen der Angst gibt: Sie kann eine reale Basis haben oder ein Geschöpf unserer Gedanken sein. Und die daraus entstehenden Ängste nennen wir Realangst und Angst vor der Angst.

Wenn man bei einem Erdbeben das Schlafzimmer in Panik verlässt; wenn man vor einem herannahenden Auto, das man erst durch sein Hupen bemerkt, erschrocken zur Seite springt, oder wenn man bei plötzlich auftretenden und erheblichen körperlichen Beschwerden den Arzt aufsucht, handelt man aus Realangst. Wie diese Beispiele zeigen, ist die Realangst unser rettender Engel. Sie kommt nicht so oft, bleibt nicht lange, und wenn sie doch einmal kommt, dann nur, weil sie uns schützen will.

Wenn aber jemand seit vielen Jahren unter Einsamkeit leidet und sich trotzdem nicht traut, eine Frau anzusprechen; wenn man trotz anhaltender Beschwerden keinen Arzt aufsucht, weil man Angst vor einer bedrohlichen Diagnose hat, oder wenn ein Manager aus Angst vor dem Fliegen wichtige Geschäftsreisen nicht antritt, handelt es sich um Angst vor der Angst. Wie diese Beispiele zeigen, ist Angst vor der Angst langlebig, destruktiv und lebensfeindlich.

Während Realangst aus dem augenblicklich bestehenden Gefahrenzustand hervorgeht, also eine objektive Grundlage hat, basiert Angst vor der Angst auf Gedanken, Vorstellungen und unbewältigten Erlebnissen. Im Zustand der Angst vor der Angst ist man gedanklich entweder in der Vergangenheit oder in der Zukunft, aber nicht in der realen Zeit, die nur der Augenblick ist. Dieser Wirrwarr, in dem die Gedanken und Vorstellungen ungehindert zwischen Vergangenheit und Zukunft hin und her schlüpfen und in dem bedrohliche Visionen den Anschein der Realität bekommen, ist die Geburtsstätte des Drachen, den wir Angst nennen. Aber dieser Drache ist in Wirklichkeit nur die Angst vor der Angst: Er stellt keine reale Bedrohung dar und hat nur Macht über die Menschen, die ihn erdacht haben.

Genau dieser Zusammenhang erklärt das gänzlich unterschiedliche Verhalten der Dorfbewohner und des fleißigen Bauern in unserer Geschichte: Während der furchtlose Bauer nur Nebel sah, sahen die ängstlichen Dorfbewohner auf dem Turm einen Drachen, den sie mit den Strichen und Farben ihrer machtvollen, angsterfüllten Phantasie geschaffen hatten.

Nun packen wir das Geschenk dieser Geschichte für unser Leben aus. Immer wenn du Angst hast, schaue diese Angst genau an und höre ihr zu. Du wirst feststellen, dass sie in der Regel aus Gedanken an bedrohliche Ereignisse, die in der Zukunft eintreten könnten, oder erlebte Bedrohungen und Erinnerungen an Traumata, die nicht bewältigt wurden, also Vergangenem, besteht.

Die Aufgabe, die sich daraus ergibt, ist: Die Verantwortung für die Situation mit deren Konsequenzen zu übernehmen – das heißt, die jeweils notwendigen Schritte zu tun und den Rest, der nicht in deiner Hand liegt, als Realität zu akzeptieren. Auf diese Weise gehst du auf deine Angst zu. Und mit jedem Schritt, mit dem du deinen Beitrag leisten willst, erlebst du die Angst zunächst intensiver. Habe den Mut, diesen Weg trotzdem zu gehen, und glaube mir: Es ist der richtige Weg. Denn wenn du trotz deiner Angst diesen Weg weiter-

*gehst, also der Angst näherkommst und ihre Worte hörst, spürst du,
wie sie allmählich an Bedrohung verliert. Komm der Angst so nahe,
dass du sie fast berühren kannst. Mag der Drache Angst, den du
erschaffen und emsig großgezogen hast und der nun mächtig vor dir
steht, durch die Nähe zu ihm auch besonders bedrohlich erscheinen,
aber in dem Moment, in dem du den Drachen trotz deiner Angst
berührst, wirst du beglückt und befreit feststellen, dass er sich auflöst.
Denn dieser Drache ist nur Nebel. Er existiert nur für diejenigen, die
an ihn glauben.*

17.

WIE EINEM BILD LEBEN EINGEHAUCHT WURDE

Es gab einmal einen König, in dessen Land der Hahn das Symbol für Kraft, Männlichkeit und Stärke war. Deshalb wünschte sich dieser König ein Gemälde, das die großartigen Eigenschaften des Hahns lebendig vermittelte, um es direkt über seinen Thron zu hängen. So ließ er den größten Maler des Landes zu sich rufen.

Ihm beschrieb der König ausführlich, wie er sich das Gemälde vorstellte:

„Großer Meister, ich möchte ein Gemälde eines Hahns. Der Ausdruck dieses Bildes sollte die Herrlichkeit, Macht und Kraft dieses Hahns bezeugen. Male dieses Bild so, als wäre der Hahn lebendig und wolle mit seiner unbändigen Kraft und seinem ungezügelten Drang nach Freiheit den einengenden Rahmen des Gemäldes sprengen."

Der Maler hörte aufmerksam zu, nickte hier und da und schließlich sagte er: „Mein König, ich werde mein Bestes tun, um dir deinen Wunsch zu erfüllen." Zur Überraschung des Königs verabschiedete sich der Maler jedoch und ging.

So vergingen Wochen und Monate und der König hörte nichts von dem Maler. Er ließ öfter nach dem Bild fragen, doch der Bote überbrachte ihm immer wieder dieselbe Antwort: „Die Zeit ist noch nicht reif." Mit zunehmender Ungeduld wartete der König, bis der Maler nach zwei Jahren endlich um Audienz bat. Der König war überglücklich, dass er endlich sein ersehntes Gemälde in Händen halten würde. Doch er war sehr überrascht und enttäuscht, als der Maler mit leeren Händen kam. Entsetzt sprach der Herrscher:

„Wo ist mein Hahn?!"

„Hier, mein König", antwortete der Maler, während er eine Hand auf seine Stirn und die andere Hand auf sein Herz legte, was der König nicht deuten konnte. Der Maler fügte hinzu: „Lass mir bitte Leinwand und Farben bringen."

Unmittelbar darauf begann der Maler, das Bild mit schlafwandlerischer Sicherheit auf die Leinwand zu werfen und er hauchte dem Hahn, der so langsam entstand, Leben ein.

Der König konnte seinen Augen nicht trauen, als er sein erträumtes Bild, das seine kühnsten Erwartungen übertraf, vor sich sah. Voller Begeisterung und Lob ließ er den Maler königlich belohnen. Doch nach einer langen Weile der Verzückung fragte der König den Maler:

„Wenn du doch das Bild innerhalb eines Tages malen konntest, warum hast du mich zwei Jahre warten lassen?"

„Ein Tag, sagst du? Mein König, ich habe die zwei Jahre gebraucht, um diesen von dir erträumten Hahn in meinem Geist einzufangen und ihm in meinem Herzen Leben einzuhauchen. Und die Schöpfung dieses Bildes, das du in der Hand hältst, dauerte zwei Jahre und einen Tag."

GUT DING WILL WEILE HABEN

Wenn man ein Gemälde anschaut, fragt man sich vielleicht, wer es gemalt hat, und vielleicht auch, was er damit ausdrücken wollte, aber im Allgemeinen nicht, wie lange der Maler dafür gebraucht hat. Anscheinend spielt die Zeit bei der Vollendung eines Werkes nicht die wichtigste Rolle, sondern die Phantasie, das Brennen im Herzen, die Sehnsucht nach Schaffen, die Beherrschung der Technik – und die harmonische Mischung aus alledem.

Für unser Leben und unseren Alltag bedeutet das, dass wir uns für die Dinge, die uns am Herzen liegen, die Zeit nehmen sollen, bis wir sie verinnerlicht haben. Das heißt, bis diese Dinge nicht nur die Schwingungen unseres Herzens, sondern auch die Wege unserer Gedanken und Schritte unseres Handelns werden, mit einem Wort: bis sie uns in Fleisch und Blut übergegangen sind, damit sie von selbst aus uns herausfließen. So wie der Künstler durch die Reifezeit das vollendete Werk in sich selbst entstehen ließ und es dadurch mit Leichtigkeit auf die Leinwand hinwarf, so können auch wir uns daran machen, den Menschen, der wir sein möchten, also unser ideales Ich, in uns heranwachsen zu lassen und damit unser Leben zu gestalten.

Ein „ideales Ich" bedeutet natürlich nicht, dass man die Genialität und die Größe von Einstein, Gandhi, Michelangelo oder ähnlichen Menschen besitzen muss. Denn das individuelle „ideale Ich" liegt gar nicht so fern. Vielleicht hat man sein „ideales Ich" erreicht, wenn man etwas ruhiger und toleranter geworden ist oder wenn man sich in dieser oder jener Situation mehr zutraut, wenn man den Druck der Arbeit und des Alltags nicht mit ins Bett nimmt und einen Menschen hat, der gerne auf einen wartet. Denn wir träumen ja nicht davon, Einstein zu sein, sondern letzten Endes davon, glücklich zu leben. So gesehen ist ein erfülltes und zufriedenes Leben ein ideales Leben.

Aber was bedeutet eigentlich „Ideal"? In dem Wort „Ideal" steckt das Wort „Idee". Und diese Idee ist so etwas wie der Polarstern. Auch wenn man ihn nie erreichen kann, genügt es, wenn man sich nach ihm richtet. Dadurch lenkt man sein Leben in die Richtung der Selbstbestimmung und Erfüllung, also in die Richtung des idealen Ich. So wird aus einer Idee ein Weg, der einen Schritt für Schritt aus dem Schatten auf die sonnige Dachterrasse eines erfüllten Lebens führt.

Natürlich braucht dieser Weg Zeit, Hingabe und Geduld. Und wenn wir wirklich das Ideale suchen, müssen wir erst das Reale akzeptieren. Auch dazu brauchen wir Zeit und die sollten wir uns gönnen. Nicht umsonst haben sich diese Zusammenhänge in unserer Alltagssprache eingenistet:

„Gut Ding will Weile haben."

Was für den Maler das Bild war, ist für uns das ideale Leben. Also nehmen wir uns die Zeit dafür.

18.

VERKANNTE FEINDE

Frei nach einer Geschichte, die ich per Fax erhielt, mit dem Vermerk „Verfasser unbekannt".

Ein mächtiger Dämon schmiedete immer wieder von Neuem Pläne, um so viele Menschen wie möglich unglücklich zu machen. Daran hatte er nicht nur große Freude, vielmehr sah er im Unglück der Menschen den Sinn seines Daseins. Daher rief er die vielen kleinen Teufel, die ihm zu Diensten standen, und er sprach zu ihnen:

„Meine treuen Diener, etwas macht mir Sorge. Jeder Mensch hat etwas Gutes in sich; in jedem schlummert eine kosmische Dimension, eine Sehnsucht nach dem Sinn des Lebens und nach Liebe. Wenn diese Sehnsucht erwacht, könnten die Menschen Frieden in ihrer Seele spüren und in Frieden miteinander leben."

Ein Raunen ging durch die Menge und einige seiner Diener schrien entsetzt:

„Oh nein! Wie schlimm!"

Der Dämon fuhr fort:

„Jeder Mensch trägt etwas Göttliches und Allumfassendes in sich. Und ich will nicht, dass sie es entdecken. Ich will nicht, dass sie erfahren, dass sie alles, was sie brauchen, was sie glücklich macht, was ihrem Leben einen Sinn gibt, in sich tragen. Wir können den Menschen diese Gaben und Geschenke zwar nicht wegnehmen. Aber wir können sie daran hindern, sie zu erkennen und womöglich davon Gebrauch zu machen.

Deshalb befehle ich euch: Hindert sie daran! Lasst sie glauben, dass Konsumieren sie glücklich macht. Lasst sie im grellen Licht der bunten Oberflächlichkeiten erblinden. Unterstützt ihre Überzeugung, dass sie mit Fleiß alles erreichen, und macht sie zum Knecht ihres Ehrgeizes. Beschäftigt sie. Und wenn sie beschäftigt sind, beschäftigt sie weiter und lasst den keimenden Zweifel in ihnen wachsen, dass ihr Bemühen nie genügt. Lasst ihnen ihre Zukunft wie ein bedrohliches Raubtier erscheinen, gegen das sie nie gut genug gewappnet sind, damit sie durch den Drang zu fliehen die Gabe der Gelassenheit verlieren. Macht sie so atemlos, dass sie das Kriechen an der Oberfläche der Dinge als erfüllter empfinden als die Suche nach der Tiefe, wo ihre verborgenen Schätze begraben sind.

Macht, dass ihre Errungenschaften und ihre technischen Fortschritte zu ihren Götzen werden. Macht, dass die kleinen Geräte in ihrer Hand, die ihnen die Welt eröffnen, ihnen gleichzeitig die Last der Welt auf die Schultern legen. Lasst sie glauben, dass sie alles wissen und erfahren müssen, bis sie in dieser Flut den Sinn dessen, was sie erfahren, aus den Augen verlieren. Bringt die Menschen dazu, dass sie mit der Welt kommunizieren, aber nicht mit dem, der neben ihnen sitzt. Dass sie das Leid der Welt erfahren, aber nicht die Bedürfnisse ihres Nächsten.

Habt Vertrauen in meine Worte: Ich sage euch, die Menschen sind verführbar. Deshalb freue ich mich, bei unserem nächsten Zusammenkommen zu hören, wie ihr von euren Erfolgen berichtet, und zu erfahren, wie ihr die Menschen mit dem Virus, sich selbst fremd zu werden, angesteckt habt."

DIE VERFÜHRUNG DER SEELE

Bei vielen Paaren, die ihre Beziehungsprobleme mit mir besprechen wollten, tauchte die Äußerung auf:

„Er oder sie ist mir fremd geworden."

Damit meinten sie, dass sie mit dem anderen nichts mehr anfangen konnten. Aber ich habe nie gehört, dass jemand sagen würde:

„Ich bin mir fremd geworden."

Obwohl die gleichen Symptome des Fremdseins in ausreichendem Maß vorhanden sind: Wenn zum Beispiel Langeweile zur Routine wird oder wenn einen bei der bloßen Vorstellung, nicht beschäftigt zu sein, Panik ergreift, wenn man sich beruflich in der reißenden Flut der Aktivitäten versenkt und privat in wechselnden und oberflächlichen Beziehungen innere Stabilität sucht, ist das nichts anderes als ein Zeichen dafür, dass man mit sich selbst nichts anfangen kann.

Worauf basieren diese Empfindungen und Handlungen? Es ist das Konzept der Evolution, niedergeschrieben im Selbsterhaltungstrieb, alle Sinne nach außen zu orientieren, um das Umfeld zu erfassen – um jagen zu können, um zu essen, um fliehen zu können, um nicht gefressen zu werden. All das sind Aktivitäten, um das Leben zu organisieren, aber nicht nach dessen Sinn zu fragen. Zwar kämpft der heutige Mensch nicht mehr solche existenzsichernden Kämpfe, aber dieser archaische Antrieb ist noch immer Mitgestalter seiner Wahrnehmung und seines Handelns.

Das erinnert mich an folgenden Gedanken: „Viele Menschen verwechseln ihre Landkarte mit der Landschaft und die Verpackung mit dem Inhalt, oder konkreter gesagt, sie werden durch die Gestaltung ihres Lebens vom Sinn des Seins abgelenkt."[5] Und genau dieser Drang, nach außen orientiert zu sein, ist das, worauf der Dämon

---

5 Aus dem Buch „Ein Tag mit der Liebe" von Mohsen Charifi.

seine Hoffnung setzt. Er hofft, dass der Mensch diesem Drang so willenlos und blind folgt, dass er sich selbst fremd wird. Doch wir als vernunftbegabte Lebewesen haben auch die Möglichkeit, durch die uns innewohnende Stärke und unsere kosmische Dimension diesen Trieb in Schranken zu halten und ihn an unser reales heutiges Leben anzupassen. Das sind genau jene Fähigkeiten, die dem Dämon Sorge bereiten und wegen derer er seine Diener auf uns hetzt.

Ein Vergleich soll diese Gedanken verdeutlichen: Im Kriegszustand ist der Schaden, den ein einzelner Soldat verursachen kann, nicht entscheidend. Aber wenn dieser eine Soldat nicht in Uniform kommt und nicht deutlich als Feind zu erkennen ist, sondern verkleidet und unerkennbar als Spion in Aktion tritt, dann kann er großen Schaden anrichten. Mit anderen Worten: Wenn sich der Feind als Freund ausgibt, dann kann er uns in aller Ruhe ruinieren. Aber je schneller man den Feind erkennt, umso eher kann man sich retten.

Die Diener des Dämons sind erfahrene Spione und beherrschen die Kunst der Tarnung. Sie erscheinen als Freunde, gewinnen unser Vertrauen und verführen uns. Sie lassen uns glauben, dass wir im Konsum das Glück, im Streben nach Erfolg unsere Erfüllung und in anderen unseren Halt finden können, und bringen uns dazu, auch sonst alles, was der Dämon gesagt hat, für erstrebenswert zu halten.

Diese Geschichte will uns die Kunst der Entlarvung vermitteln, damit wir die Diener des Dämons als Feinde erkennen können und ihnen nicht blind folgen. Je geringer unser Bedürfnis nach allem Äußeren ist, umso größer die Erfüllung durch unseren inneren Reichtum.

19.

DAS GEHEIMNIS HINTER JEDEM ZIEL

Im Süden des Jemen lebte ein alter, warmherziger und hilfsbe-
reiter Imam. Er genoss wegen seiner Weisheit das Vertrauen
vieler Menschen und so suchten ihn viele auf, wenn sie nicht
weiterkamen und einen Rat brauchten. Eines Tages kam ein
Mann zu ihm und sagte, dass er sehr verzweifelt sei, weil er
nicht wisse, wie er sich verhalten solle. Er klagte:

„Wenn ich etwas Gutes tun will, erreiche ich damit manchmal
genau das Gegenteil. Umgekehrt verhalte ich mich natürlich
nicht immer richtig, doch hin und wieder folgt daraus etwas
Gutes. Deshalb fühle ich mich zunehmend unsicher. Bei allem, was ich tun möchte, bremst mich der Zweifel, ob mein
Vorhaben richtig oder falsch ist. Nun brauche ich deine Hilfe
und deinen Rat. Nenne mir bitte drei gute Verhaltensweisen
und drei schlechte Handlungen, damit ich ein Muster habe und
vergleichen kann."

Der Imam hörte aufmerksam zu, nickte ein paarmal als Zeichen, dass er verstand, was in dem Ratsuchenden ablief, und
brachte es mit den Worten zum Ausdruck:

„Ich glaube, ich weiß jetzt, was dich belastet. Schau, du hast
mich nach wenigen Beispielen gefragt. Aber auch wenn du
selbst mir dreihundert Beispiele aufzählen würdest, die du für
gutes oder für schlechtes Handeln hältst, könnte ich dir bei
keinem einzigen sagen, dass es an und für sich gut oder schlecht

ist. Weißt du, du kannst dir eine Tat oder ein Verhalten wie ein Gefäß, wie eine Schatulle vorstellen. Worauf es ankommt, ist nicht das Gefäß oder die Schatulle selbst, sondern das, was sie in sich bergen."

„Ach so, ich verstehe!", rief der Mann euphorisch. „Wie bei einem Glas Wasser. Da kommt es auch nicht auf das Glas, sondern auf das Wasser an."

„Sehr gut, das kommt der Sache schon sehr nahe. Nur mit einem kleinen Unterschied. Bei einem Glas Wasser sieht jeder das Gefäß und den Inhalt. Aber bei einer Schatulle weiß keiner, was sie beinhaltet – sogar oft nicht einmal derjenige, der die Schatulle weitergeben möchte."

VOM GUTEN UND SCHLECHTEN HANDELN

Meiner Meinung nach will uns diese Geschichte durch die Worte des Imam Folgendes sagen: Keine Handlung ist per se gut oder schlecht. Wenn dem so ist, dann muss etwas anderes in der Handlung schlummern, das ihr Wesen ausmacht und bewirkt, dass sie zu einer guten oder schlechten Handlung wird. Dieses unsichtbare Etwas ist unsere Absicht, die keiner von außen sieht und die uns sogar selbst manchmal nicht bewusst ist.

Im uns vertrauten Sprachgebrauch sind die Begriffe Ziel und Absicht praktisch gleichwertig und austauschbar. Aber es bringt eine große Bereicherung mit sich und ist sehr hilfreich, sie doch zu unterscheiden. Im Allgemeinen sind uns Ziele bewusst und aus ih-

nen folgen für alle sichtbare Handlungen. Absichten dagegen liegen in den meisten Fällen weder einem selbst noch den anderen offen.

Hierzu ein Beispiel: Zwei Männer gehen regelmäßig ins Fitnessstudio, beide mit demselben Ziel, Muskeln aufzubauen. Der eine tut dies auf Empfehlung seiner Ärzte, um seinen Stoffwechsel zu erhöhen. Also dient seine Absicht hinter dem Muskelaufbau seiner Gesundheit. Der andere tut das Gleiche, aber mit einem ganz anderen Motiv, das er für seine Absicht hält: Er glaubt, mit mehr Muskeln wäre er attraktiver und würde bei Frauen besser ankommen.

Da Sport zu treiben und Gesundheit inhaltlich zueinanderpassen, ist das Handeln des ersten Mannes ein gutes Handeln. Aber Muskelaufbau und das Streben nach Anerkennung passen von ihrem Wesen nicht zusammen. Natürlich nützt es auch dem zweiten Mann gesundheitlich, Sport zu treiben, aber seine eigentliche Absicht, sich dadurch aufzuwerten, ist ihm gänzlich unbewusst und im Kern nicht konstruktiv. Denn so fließt seine Energie vergeblich in den Aufbau seiner Muskeln statt in die Überwindung seines geringen Selbstwertgefühls.

Absichten sind das letzte Glied einer langen Kette unbewusster Wünsche, Bedürfnisse, Ängste, et cetera. Sie sind der Motor unseres Handelns. Sie wählen einen Weg und setzen uns in Bewegung. Jedoch sagen sie uns nicht, ob es sich um den richtigen Weg handelt. Und gänzlich unabhängig davon, ob andere unsere Absichten erahnen oder nicht, wir selbst verfolgen unsere Ziele sehr oft, ohne uns über den Weg, den unsere Absichten uns weisen, Gedanken zu machen. Mit anderen Worten: In dem unbändigen Drang, unsere Ziele zu erreichen, verpassen wir es oft, unsere Absichten zu überprüfen.

Ich denke, die Botschaft dieser Geschichte ist vielschichtig und will uns die Vielschichtigkeit von Absichten bewusst machen: Erstens will sie uns, wie oben erwähnt, auf die Unterscheidung zwischen Ziel und Absicht aufmerksam machen. Denn wenn man sich diese Unterscheidung nicht bewusst macht, besteht die Gefahr, dass man sich entweder in Zielen verrennt, die keine nachhaltige Erfüllung bringen, oder von Absichten ausgeht, die eine Folge von destruktiven Gefühlen und Gedanken sind.

Auch wenn die Geschichte nicht ausdrücklich darauf hinweist, sehe ich einen zweiten Aspekt: Eine Absicht kann selbst wiederum ein Ziel sein. Denn hinter jeder Absicht kann eine noch tieferliegende Absicht schlummern. Kehren wir noch einmal zu dem Beispiel der Sport treibenden Männer zurück. Die Absicht des zweiten Mannes war, durch den Sport attraktiver zu werden. Was aber ist die Absicht hinter dem Wunsch, attraktiver zu werden? Es könnte zum Beispiel die Absicht sein, die Unsicherheit zu überwinden, die er bei der Begegnung mit dem anderen Geschlecht empfindet. Und auch hinter dieser Absicht verbirgt sich eine weitere tieferliegende Absicht, beispielsweise die unbewusste Absicht, ein geringes Selbstwertgefühl zu kompensieren. Man kann diese Kaskade von Absichten so lange verfolgen, bis man am letzten Glied dieser Kette, dem Kern der Persönlichkeit, ankommt.

Die Weisheit in dieser Geschichte liegt für mich darin, meine Absichten, in welcher Angelegenheit, in welcher Beziehung auch immer, so weit zurückzuverfolgen, bis mir der Kern meiner Persönlichkeit und damit auch mein wunder Punkt bewusst wird. Denn er ist die Ausgangsposition für meine Absichten, also die Basis meines Fühlens, Denkens und Handelns. Durch diesen Prozess wird nicht nur mein wunder Punkt, der meistens sehr verborgen ist, offengelegt. Indem er offenliegt, kann ich auch heilend auf ihn eingehen.

20.

DAS GLÜCK WÄCHST AUF EINEM WALNUSSBAUM

Es herrschte einst ein weiser Kalif in Samarkand. Er ging oft unerkannt unter die Menschen, um zu schauen, wie sein Volk lebt, wie es ihm geht und ob seine Untertanen glücklich und zufrieden sind. Er stellte aber zu seinem Bedauern immer wieder fest, dass es nur ganz wenige Menschen gab, die glücklich waren. Weil er jedoch alle Menschen glücklich machen wollte, gab er seinen Wesiren und Beratern ein Jahr Zeit zu erkunden, was Menschen glücklich macht. Jeder forschte auf seine Weise, um dem Kalifen eine befriedigende Antwort geben zu können, und nach Ablauf des Jahres trafen sie sich wie vereinbart am Hofe des Kalifen wieder und berichteten über ihre Erfahrungen und Erkenntnisse.

Der eine sagte: „Reichtum ist der Schlüssel zum Glück, denn wohlhabende Menschen sind glücklich.‟

Der andere widersprach. Er hatte viele Wohlhabende gesehen, die nicht glücklich waren.

Wieder ein anderer sagte überzeugt: „Jugend ist der Schlüssel zum Glück, denn Menschen, die nicht alt und gebrechlich sind, sind glücklich.‟

Heftig äußerte ein anderer: „Ich sah viele alte und gebrechliche Menschen, die lachend durch das Leben gingen, und viele junge und gesunde, die sich trübselig und besorgt von einem Tag zum nächsten schleppten. Also sind weder Reichtum noch Jugend des Glückes Elixier.‟

Einer der ältesten der Berater sagte: „Natürlich nicht, denn nur Menschen, die eine Familie haben, sind glücklich."

Aber auch seine Weisheit stellte sich nicht als des Rätsels Lösung heraus. So verlief dieser Disput weiter, bis der Kalif mit Enttäuschung feststellen musste, dass das Geheimnis, was Glück ausmacht, nicht gelüftet werden konnte. Aber mit dieser Erkenntnis konnte und wollte sich der gütige Kalif nicht zufriedengeben. Er beschloss, selber das zu suchen, was glücklich macht. So ging er noch häufiger, neugieriger und suchender unter sein Volk.

An einem heißen Sommertag kam er am Rande der Stadt an einem Garten vorbei. Von Weitem sah er, dass ein Mann emsig mit seiner Schaufel zugange war. Er ging näher und begrüßte den Mann. Dieser hob seinen Kopf, sodass der Kalif in ein altes Gesicht mit strahlenden Augen, einem warmen Lächeln und Schweißtropfen auf der Stirn blickte. Die tiefen Falten in dem Gesicht sprachen von einem langen Leben und Reife. Der Mann grüßte zurück und holte tief Luft. Offensichtlich genoss er diese unverhoffte Pause. Schon dieser Anblick berührte den Kalifen und er fragte den alten Mann:

„Freund, warum arbeitest du bei dieser Hitze? Das macht doch keine Freude."

„Oh doch! Die Sonne gehört zu meinen besten Freunden, denn ihr verdanke ich viele gute Ernten."

„Aber was machst du gerade?"

„Ich pflanze einen Walnussbaum."

„Einen Walnussbaum?! Weißt du, wie lange ein Walnussbaum braucht, um Früchte zu tragen?"

„Ja, viele Jahre."

„Glaubst du, dass du jemals die Früchte dieses Baums auch ernten wirst?"

„Das weiß ich nicht. Und darüber mache ich mir auch keine Gedanken."

„Aber warum pflanzt du dann so einen Baum?"

„Weißt du, andere haben gepflanzt und ich habe geerntet. Nun pflanze ich, damit andere ernten."

Mit dieser Antwort hatte der Kalif nicht gerechnet und war zutiefst ergriffen. Deshalb wollte er dem alten Mann etwas Gutes tun und erkundigte sich weiter:

„Ist die Hütte dort hinten dein Haus? Wohnst du dort mit deiner Familie?"

„Ja, aber ich wohne alleine dort. Meine Frau ist vor einigen Jahren gestorben und meine Kinder leben in der nächsten Stadt."

„Du bist sicherlich einsam."

Mit einem sanften Lächeln erwiderte der Mann: „Nein. Ich trage sie alle in meinem Herzen."

„Das freut mich sehr. Aber was ist mit deinem Garten? Ich sehe, dass du damit viel Arbeit hast. Wenn du willst, kann ich dir einen großen Garten schenken, mit Bäumen, die schon Frucht tragen. Und damit du in diesem Garten nicht so hart arbeiten musst, schicke ich dir auch Gehilfen, die dir zur Hand gehen."

„Ich danke dir für deine Großzügigkeit. Aber ich brauche für mich selbst keinen großen Garten mit vielen Bäumen. Worauf es wirklich ankommt, sind die Früchte. Das ist das Geschenk der Natur für uns alle. Und die Bäume sind nur die Überbringer dieses Geschenkes. Deshalb ist es einerlei, ob sie mir gehören oder jemand anderem."

Tief berührt von dieser Antwort schwieg der Kalif einen Augenblick und nach einer Weile stellte er zaghaft eine Frage, von der er ahnte, dass sie hinfällig sein dürfte:

„Kann ich dir wegen deiner Gebrechen nicht einen Apotheker schicken?"

„Meine Gebrechen sind eine Folge meines langen Lebens und eine Erinnerung an mein Schaffen. Sie zeichnen mich aus wie mein Name und die Falten in meinem Gesicht, und ich bin dankbar für alles, was ich habe."

„Verzeih mir bitte meine nächste Frage: Bist du glücklich? Hast du wirklich alles, was du brauchst? Mangelt es dir an nichts? Ich könnte dafür sorgen, dass du ein Haus in der Stadt bei deinen Kindern bekommst und dir um nichts mehr Gedanken zu machen brauchst."

„Das sind aber viele Fragen und ich danke dir für deine Güte und Großherzigkeit. Aber sei dir gewiss, ich brauche nichts. Ich bin auch so glücklich. Mein Glück wächst auf dem Walnussbaum, den ich pflanze. Doch nun habe ich auch eine Frage an dich: Was hat all das, was du mir geben wolltest, mit Glück und Glücklichsein zu tun?"

Da spürte der Kalif mit tiefster Dankbarkeit in seinem Herzen den Funken einer Erleuchtung, den Zugang zum Glück und den Weg dorthin, den ihm der alte Mann eröffnet hatte.

DER GEHEIME ORT DES GLÜCKS

Wenn dieser weise Kalif heute leben würde, hätte er allein über das Internet Zugang zu Tausenden und Abertausenden Büchern, Veröffentlichungen von Glücksforschern und interdisziplinären Diskussionen darüber, was Glück ist beziehungsweise was glücklich macht – mit dem Ergebnis, dass es keine klare Antwort darauf gibt! Er würde auch heute das finden, was seine Berater schon damals gefunden haben – nur untermauert mit viel mehr Fakten aus Statistiken, Tests und Umfragen.

Meine persönliche Antwort auf die Frage, was in der Regel glücklich macht, ist, dass es für Glück weder notwendige noch ausreichende äußere Bedingungen gibt. Das „Äußere" ist hier das Schlüsselwort. Das Erlebnis des „Glücklichseins" ist eine innere Befindlichkeit, die sich einstellt, wenn wir unsere inneren Abläufe, wie unsere Wünsche, Bedürfnisse, Ansprüche, mit den äußeren Gegebenheiten und Anforderungen in ein harmonisches Gleichgewicht bringen. Das heißt, nicht was ist, sondern wie wir mit dem, was ist, umgehen, macht unsere Glücksfähigkeit aus. Der geheime Ort des Glücks liegt selten außerhalb von uns. Das Glück ausschließlich durch äußere Veränderungen erzwingen zu wollen ist die sicherste Voraussetzung dafür, nicht glücklich zu werden. Das Ausmaß unseres Glücks hängt von unserer Glücksfähigkeit ab.

Das Glück verdient, dass wir uns die Glücksfähigkeit noch einmal näher anschauen: Sie ist die Fähigkeit, die kleinen Freuden zu genießen, die das Leben uns schenkt, unsere Ansprüche in allen Bereichen des Lebens mit einer gesunden Bescheidenheit in Balance zu bringen, im Augenblick zu leben, solche belastenden Dinge zu ändern, die in unserer Hand liegen, und jene zu akzeptieren, auf die wir keinen Einfluss nehmen können. Zur Glücksfähigkeit gehört auch die Fähigkeit, für andere da zu sein, zu ihrem Glück und ihrer Freude beizutragen und sich mit ihnen verbunden zu fühlen. Eine Sichtweise, die sich auf das eigene Glück beschränkt, ist unvollendet. Eine wärmende innere Verbundenheit mit anderen ist ein essentieller Bestandteil der Glücksfähigkeit.

Schritte zu dieser Glücksfähigkeit bestehen wie erwähnt darin, unseren Beitrag zu leisten und Platz zu schaffen für all das, was nicht in unserer Hand liegt, uns und die Welt zu nehmen, wie sie sind, und mit dem, was ist, mit tief empfundener Dankbarkeit zu leben.

„GROSSE FISCHE LEBEN IM GROSSEN OZEAN"

Mein Vater wurde in einer kleinen Stadt in Nordpersien geboren. Dort wuchs er auf und arbeitete als Gehilfe seines Vaters in dessen kleinem Geschäft, mit dem die Familie ihren bescheidenen Lebensunterhalt bestritt. Mein Großvater war ein sehr religiöser Mensch und so wurde auch mein Vater sehr religiös erzogen. Ein Aspekt seiner religiösen Überzeugung war:

„Die Eltern sind unsere kleinen Götter."

Deshalb war es für meinen Vater sehr wichtig, alles im Sinne und im Willen seines Vaters zu tun. Nach ein paar Jahren mühsamer Arbeit ergriff meinen Vater aber eine wachsende Unzufriedenheit, dass er so viel arbeitete und doch so wenig auf der Hand hatte. Er wusste, bei seinem Vater zu bleiben würde bedeuten, auch den Rest seines Lebens in sehr bescheidenen Verhältnissen zu verbringen. Andererseits wollte er seinen Vater aus Verbundenheit und aus religiöser Überzeugung nicht alleine lassen. Und die Frage, wie er ohne eigene Mittel neue Wege gehen könnte, war ein zusätzliches Hindernis und eine weitere Last. Diese Konflikte und Probleme bekamen ein immer größeres Ausmaß und begleiteten ihn sogar noch im Schlaf – und das für lange Zeit. Er überlegte und überlegte, wie er seinen Konflikt bewältigen könnte.

Aber wie habe ich all das erfahren? Im Iran bewerben sich jedes Jahr Hunderttausende Abiturienten bei den verschiedenen

Universitäten im Lande. Es können aber nur wenige Prozent von ihnen aufgenommen werden. Um die Zeit meines Abiturs stellte ich mir die Frage, welchen Weg ich einschlagen sollte, wenn ich von keiner Universität aufgenommen würde. Die Möglichkeit, im Ausland zu studieren, war in dieser Zeit sehr schwierig umzusetzen. Meine Unsicherheit wurde nach und nach ein Thema im Alltag der Familie. Daraufhin rief mich mein Vater zu sich und sagte:

„Mohsen, ich möchte etwas mit dir besprechen."

Und so erzählte er mir seine oben erwähnten Erlebnisse und sagte:

„Mohsen, du siehst: Auch ich war bei der Entscheidung, wie ich mein Leben gestalten will, sehr unsicher. Ich musste trotz so vieler Gebote und Verbote, Wünsche und Ängste, die mich zugleich antrieben und bremsten, meinen Weg suchen. Die Formel, die mich dann gerettet hat, war: ‚Große Fische leben in großem Wasser, im Ozean.'"

Und er fragte mich:

„Was möchtest du werden?"

Meine spontane Antwort war:

„Ein großer Fisch." Und ich fügte hinzu: „Aber wie wird man ein großer Fisch?"

„Ich kann dir nur sagen, wie ich zum großen Fisch wurde. Vielleicht nützen dir meine Gedanken. Ich habe mich damals gefragt: Was hindert mich daran, mein Leben selbst in die Hand zu nehmen? Ich sah vier Hindernisse: Meine religiöse Überzeugung, meine Liebe zu meinem Vater, die Sorge, mittellos zu sein, und die Angst vor Neuem. Ich habe mir erklärt: Gott will nicht, dass ich wegen meiner Eltern unglücklich werde. Ich habe für einen Nachfolger gesorgt und meinen Vater davon überzeugt, dass ich immer wieder für ihn da sein werde. Da ich nicht wusste, was kommen wird, sagte ich mir: Ich werde mir anschauen, was kommen wird, und mein Bestes daraus machen. So fand ich die Entschlossenheit, das große Wasser zu suchen. Dann ging ich nach Teheran. Und wie du siehst: Hier bin ich ein großer Fisch geworden."

DIE BEGEGNUNG VON ÜBERZEUGUNG UND FAKTEN

Ich glaube, ich kann den Darlegungen meines Vaters nicht viel hinzufügen. Mit Zuversicht kam ich nach Deutschland und in meinem jugendlichen Leichtsinn habe ich Physik studiert, das Fach, in dem ich in der Schule die schlechtesten Noten hatte, und darin promoviert. Als es sich doch zeigte, dass mein jugendlicher Leichtsinn mich nicht gut beraten hatte, und ich merkte, dass ich mein Leben nicht als Physiker bestreiten will, erwachte ein alter Traum in mir: Der Wunsch nach einer Tätigkeit, die Menschen mit Kraft und Lebendigkeit ansteckt, also eine Tätigkeit als Psychologe. Dazu war es notwendig, im mittleren Alter erneut zu studieren. Als mein Doktorvater, bei dem ich in Physik promoviert hatte, dies erfuhr, bat er mich um ein Gespräch. Dabei vermittelte er mir Folgendes:

"Viele Psychologen arbeiten in fachfremden Gebieten, einige bestreiten ihr Leben als Taxifahrer und ein paar sind arbeitslos. Und ganz wenige arbeiten wirklich als Psychologen. Wenn Sie mit dem Studium fertig sind, sind Sie für die Industrie zu alt. Dort werden Sie nicht genommen. Schulpsychologe oder Beamter können Sie als Ausländer auch nicht werden. Das heißt, Sie werden auf dem Ar-

beitsmarkt eine noch geringere Chance haben als Ihre Kommilitonen, die eine Generation jünger sind als Sie. Also seien Sie erwachsen. Wenn Sie etwas Großes werden wollen, erreichen Sie das nicht als Psychologe."

Der Satz „Wenn Sie etwas Großes werden wollen" erinnerte mich an die Worte meines Vaters, die mir schon einmal Mut und Zuversicht geschenkt hatten: „Große Fische leben in großem Wasser." Mit ansetzenden grauen Haaren begann ich entschlossen und voller Freude erneut zu studieren. Und als Psychologe habe ich meine Ziele und Vorstellungen sowohl beruflich als auch privat weitgehend erreicht.

Den Inhalt des Gedankens „Große Fische leben in großem Wasser" kann man poetisch auch so formulieren: Lass deinen Träumen Flügel wachsen, die höher fliegen als jede Gebirgskette von Hindernissen.

DER STUMME BERATER

Es waren einmal ein paar befreundete Männer mittleren Alters. Sie lebten in derselben kleinen Stadt, jeder von ihnen hatte ein Haus, war verheiratet, hatte süße Kinder und führte ein zufriedenes Leben. Sie trafen sich des Öfteren, unternahmen vieles gemeinsam und auch ihre Familien hatten enge Beziehungen zueinander. So teilten sie ihre Freude wie auch ihre Trauer und ihren Schmerz miteinander. Deshalb wusste jeder über das Leben der anderen Bescheid.

Aber einer von ihnen, den sie Marc Aurel, meistens aber einfach Marc nannten, bewältigte schwierige Situationen und Verluste mit mehr Leichtigkeit als die anderen und erholte sich schneller von Schicksalsschlägen. Gleichzeitig war er auffallend fröhlich und seine Freude an schönen Ereignissen hielt einfach länger an. Aber das Auffälligste an ihm war, dass er manchmal für etwa eine Stunde verschwand und keiner wusste, wohin er ging und was er in dieser Zeit machte.

Bei einem gemütlichen Beisammensein, als die Freunde sich über allerlei Themen angeregt unterhielten, kam die Frage auf, warum Marc so auffallend ausgeglichen sei. Einer der Freunde sagte:

„Wir alle haben fast das gleiche Leben: Wir haben eine liebevolle Frau, gesunde Kinder, stehen finanziell gut da. Wie kommt es aber, dass du so viel fröhlicher bist als wir alle, dass du dir am wenigsten Sorgen machst und, wenn du ein Problem hast, es am schnellsten überwindest? Wie machst du das? Verrate es uns, wir wollen es auch so machen."

Da antwortete Marc:

„Ich habe einen guten Berater, den ich immer dann besuche, wenn ich einen großen Verlust oder Schmerz erleide, aber auch dann, wenn ich vor Erfolg und Freude überschwänglich werde. Mein Berater lässt mich innehalten und zeigt mir eindringlich, dass weder das eine noch das andere von Dauer ist. Er zeigt mir zugleich die Kostbarkeit des Lebens, das aus einer ewigen Quelle fließt. Aber er macht das auf eine Art und Weise, dass meine Endlichkeit darin an Schrecken, Bedeutsamkeit und Macht verliert. Dadurch nehmen meine Freude und Fröhlichkeit nicht ab, aber ich verliere mich nicht in ihnen. Ebenso verlieren meine Verluste, meine Probleme und Schmerzen ihren Stachel. Sie gehen, mich sanft berührend, an mir vorbei und ich sehe in allem einen Sinn."

Da sagte ein anderer Freund:

„Ach, das sind wohl die Zeiten, an denen du immer mal wieder verschwindest. Da besuchst du wohl deinen Berater."

„Ja", sagte Marc und nickte lächelnd, „das stimmt."

„Und wo wohnt er?", fragten die anderen neugierig.

„Direkt hinter der Kirche."

„Aber da ist doch der Friedhof!"

„Ja; der Friedhof ist mein Berater."

Das Einzige, das man im Leben mit Sicherheit vorhersagen kann, ist, dass wir sterben werden. Gerade diese Realität, diese Gewissheit ist, was wir de facto nicht verinnerlicht haben. Wenn man genau hinschaut, entsteht eher das Gefühl, dass unser Denken und Handeln so ausgerichtet ist, als würden wir ewig leben. Und dieser irrigen Sichtweise verdanken wir unser emsiges Streben nach Sicherheit, Besitz, Macht und Anerkennung und die daraus erwachsenden Probleme, Konflikte und Ängste.

Menschen kommen und gehen, auch jene, die wir lieben, wir werden älter, unsere Beziehungen, unser Beruf und unser Gesundheitszustand verändern sich; auch Politik, Umwelt und unsere Lebenssituation sind einem ständigen Wandel unterworfen. Die einzige Konstante im Leben ist die Veränderung. Aber wir suchen das Beständige, etwas, das ewig bleibt und für immer Gültigkeit hat. Das ist eine uns sehr vertraute Art und Weise, die angstauslösende Unsicherheit, die die Veränderung in sich birgt, aus unserem Bewusstsein zu verdrängen. Dass alles sich verändert, gehört nicht zu unserem Lebenskonzept. Wie gering der Platz ist, den wir für Veränderung haben, kommt besonders deutlich zum Ausdruck, wenn es um den Tod geht – eine Veränderung, die nicht nur das Ende von allem bedeutet, sondern auch den Sinn all dessen, was vorher war, in Frage stellt.

Angst vor dem Tod ist die Mutter aller Ängste.[6] Denn wenn mit dem Tod alles zu Ende geht, dann stellt sich die Frage: Was ist überhaupt der Sinn des Lebens? Diese Frage ist uns in aller Regel nicht bewusst und nur wenige versuchen, sie für sich zu beantworten. Diese

6 In dem Kapitel „Vertreibung aus dem Paradies" in meinem Buch „Ein Tag mit der Liebe" wird diese Behauptung ergründet.

*nicht beantwortete Frage und damit auch die Angst vor dem Tod
ist nicht nur die Quelle aller anderen Ängste. Sie ist auch die Basis
all unseren Fühlens, Denkens und Handelns, das uns unbewusst
dazu dient, mit dieser einen Angst nicht konfrontiert zu werden. Um
diese Angst zu bewältigen, ist die Botschaft des weisen Beraters, die
eindringliche Stimme in der Stille des Friedhofs:*

*„Welchen Weg du in deinem Leben auch gehen magst, am Ende
stehe ich. Daran kannst du nichts ändern. Aber du kannst entscheiden, wie du diesen Weg gehst: Ängstlich, zögernd und zaudernd;
voller Sorge, der bedrohlichen Zukunft nicht gewachsen zu sein, und
mit der schweren Last der unbewältigten Vergangenheit auf deinen
Schultern, oder beschwingt und lustvoll von Augenblick zu Augenblick
durch die Landschaft des Lebens wandernd, wach durch ihre dunklen Täler und beschwingt über ihre sonnigen Gipfel voranschreitend."*

*Diese Gedanken erinnern an die Geschichte, wie Joseph mit dem
Tod umging, und in der Tat vermitteln beide Geschichten, wie man
sein Leben besser gestalten kann. Der Unterschied liegt jedoch in
Folgendem: Während es in der Geschichte mit Joseph um den Umgang mit dem Tod als größter Veränderung, ultimativem Abschied
und Ende des Lebens geht, handelt diese Geschichte von den unver-
meidbaren Veränderungen und der Vergänglichkeit aller Dinge, die
unser Leben ausmachen. Es geht also darum, die Vergänglichkeit als
einen realen Bestandteil des Lebens zu akzeptieren.*

*Wenn du an einem Fluss stehst, richte deinen Blick auf einen
Punkt und frage dich: „Was passiert dort? Fließt das Wasser dort
hin oder fließt es von dort weg?" Die Antwort ist: Das eine ist die
Voraussetzung für das andere. Nichts anderes gilt für das Leben:
Jedes Vergehen ist die Basis für ein neues Entstehen. Ein Leben ohne
Vergänglichkeit ist ein Widerspruch in sich. Indem wir die ewige
und unausweichliche Vergänglichkeit aller Dinge mit ganzem Her-
zen akzeptieren, entwerfen wir ein Haus für unser Leben, das kein
Erdbeben des Schicksals erschüttern kann.*

23.
LIEBE FINDET IMMER DIE RICHTIGEN WORTE

Jonathan war ein junger Mann, hochgewachsen, mit breiten Schultern und eine Seele von Mensch, mit einem warmen Herzen und sanftem Gemüt. Er war in seinem Dorf und ganz besonders bei den Bauern, mit denen er arbeitete, sehr beliebt. Kurzum – er hatte ein schönes Leben. Doch immer häufiger ergriffen ihn ein Unbehagen, ein Hauch von Leere und eine Sehnsucht, deren Botschaft er nicht verstehen konnte.

Im Nachbardorf lebte Julia, ein zartes Mädchen mit großen Augen und feinen Gesichtszügen. Wohlbehütet, wohlerzogen, in einem warmen und feudalen Umfeld, gebildet und voller Leidenschaft für Kunst und Kultur. Sie genoss ihr Leben mit frohem Herzen. Aber auch sie spürte ein Unbehagen, einen Schatten, der nicht verriet, woher er kam, eine Lücke, deren Rand nicht zu erkennen war.

Auf einem Jahrmarkt begegneten sie einander zum ersten Mal. Schon bei der ersten Berührung ihrer Blicke löste sich ihr Unbehagen auf. Aus dem Schatten und der Lücke, der Leere und der Sehnsucht wurde ein unbändiges Verlangen – ein Verlangen nach dem unbekannten Du, das jeder vor sich sah. Ein Du als Quelle Tausender Fragen, aber Tausender Fragen mit nur einer Antwort: Ja.

Die Liebespfeile von Amor hatten zwar ihre Herzen getroffen, aber das Schicksal wollte noch mitreden und seine Spiele spielen.

Der Abstand zwischen ihren Dörfern war nicht so groß, wohl aber die Distanz zwischen ihrem Stand und ihrer Herkunft. Aus Sicht von Jonathans Eltern bestand Julias Familie aus Menschen ohne Herzenswärme; sie seien hochnäsig, eingebildet und unnahbar. Reichtum und Ansehen, aber nicht das Menschliche schien für sie zu zählen. Und Julias Eltern fanden ihrerseits, dass Jonathan und seine Familie zu den einfachen Leuten gehörten, eben Bauern und Arbeiter, die von der Hand in den Mund lebten, fern von jeglichen geistigen Schönheiten. Und so kam es, dass diese beiden Familien mit ihren Vorurteilen eine Mauer zwischen Julia und Jonathan errichteten und ihnen jeden Kontakt, jede Begegnung und Verabredung untersagten.

Doch die beiden waren dankbar für jeden gestohlenen Augenblick, in dem sie sich sehen und ihre Hände halten konnten. Sie überlegten und planten immer wieder, wie sie diese hohe und breite Mauer, die ihre Eltern erbaut hatten, niederreißen könnten.

So kam es, dass ihre innere Verbundenheit ihnen die mächtige Kraft gab, ihren Eltern gegenüber zu rebellieren. Es gelang ihnen, mit der Entschlossenheit ihrer Herzen ihre Eltern von dem Glück, das jeder in dem anderen sah, zu überzeugen. Ihre ansteckende Überzeugung führte dazu, dass sie nach Jahren, die Julia und Jonathan wie eine Ewigkeit vorkamen, ihren Eltern ein Ja entlocken konnten, sodass alle mit einem Lächeln auf den Lippen und guten Wünschen im Herzen die Hochzeit der beiden feierten.

Die Hochzeitsnacht war wunderschön, schöner als sie es sich erträumt hatten. Deshalb wollte Julia am nächsten Morgen ihrem geliebten Jonathan das Frühstück selbst machen und fragte ihn, was er sich denn zum Frühstück wünsche. Er sagte:

„Auf alle Fälle ein Ei!"

Also kochte sie zwei Eier, aber, noch im Rausch der verzauberten Nacht, vergaß sie, die Eier rechtzeitig herauszunehmen. Als Jonathan das Ei aufschlug, stellte er fest, wie hart es war, und er hasste nichts mehr als hart gekochte Eier. Doch just in diesem Moment fragte sie mit einer leisen Hoffnung in der Stimme:

„Ist das Ei in Ordnung? Schmeckt es dir?"

Er sah in ihr strahlendes Gesicht mit ihren großen Augen und spürte, wie sehr sie sich wünschte, dass das Ei, welches sie gekocht hatte, ihm schmeckte. Er brachte es nicht übers Herz, sie zu enttäuschen und zu sagen: „Nein! Ich hasse hart gekochte Eier." Stattdessen sagte er:

„So wie es ist, ist es wundervoll."

Sie lächelte zufrieden und merkte sich: Jonathan liebt hart gekochte Eier. Seit diesem Tag bereitete sie ihm voller Liebe jeden Morgen zum Frühstück ein hart gekochtes Ei.

So vergingen Jahre. In der Nacht zu ihrem dreißigsten Hochzeitstag, als sie einander in den Armen lagen, flüsterte Julia leise in Jonathans Ohr:

„Liebst du mich noch?"

„Oh ja, mehr denn je", sagte Jonathan mit einem Lächeln.

„Würdest du mich wieder heiraten?"

„Ja, natürlich. Immer wieder ja und von ganzem Herzen."

„Gab es denn irgendetwas in unserer langen Ehe, was dir nicht gefallen hat?"

„Nein."

„Wirklich nicht?"

„Nein, wirklich nicht."

„Das kann ich mir nicht vorstellen. Sei ehrlich, irgendetwas, auch wenn es nur eine Kleinigkeit war, muss dich doch gestört haben."

Etwas verlegen sagte Jonathan:

„Ja gut, wenn du mich so fragst. Eine Kleinigkeit gibt es da schon: dreißig Jahre lang jeden Morgen ein hartes Ei zum Frühstück essen zu müssen."

DAS VERBINDENDE NEIN

Wir fragen jemanden: „Bist du satt?" Und er antwortet: „Ja." Wir können das, was wir erfahren wollten, auch anders erfragen: „Möchtest du noch etwas essen?" Die Antwort ist: „Nein."

Man sieht, hier sind die Worte „Ja" und „Nein" von gleichem Charakter und erfüllen die gleiche Aufgabe: Sie klären eine Situation, sie informieren über eine Absicht, sie vermitteln eine Haltung. Sie sind neutrale Repräsentanten der inneren Befindlichkeit und erfüllen dieselbe Funktion.

Aber in unserem Alltag, in unseren Beziehungen, ganz allgemein in unserem Leben tragen die Worte „Ja" und „Nein" emotional verschiedene Kleider mit verschiedenen Farben. „Ja" wirkt warm, bunt und freundlich, während „Nein" eher Schwere und Kälte ausstrahlt.

Und gerade die emotionale Färbung wird intensiver und „Ja" und „Nein" bekommen ein größeres Gewicht, je kritischer die Situation ist, die geklärt werden soll. Wenn zum Beispiel zwischen Verliebten oder in einer Partnerschaft die Frage auftaucht: „Findest du dein Verhalten richtig?", dann geht weder das „Ja" noch das „Nein" so leicht über die Lippen. Es sind aber nicht das „Ja" und das „Nein", die ein Problem verursachen; es ist unsere Haltung, die uns dazu bringt, in bestimmten Situationen nicht das zu vermitteln, was wir empfinden. Es gibt Menschen, die uns sehr wichtig sind, und so trauen wir uns nicht, ihnen unser Innerstes offenzulegen: unsere Arme zu öffnen, um zu umarmen, oder mit unseren Händen eine Mauer zu errichten, eine Grenze zu setzen. Aber grundsätzlich ist die Notwendigkeit, von ganzem Herzen „Ja" oder „Nein" zu sagen, gleich groß.

Dieses Verhaltensmuster, das Vermeiden eines klaren „Ja" oder „Nein", ist die Quelle giftiger Ströme – Ströme, die nicht nur die Beziehung belasten, sondern langfristig auch die eigene Seele vergiften. Natürlich ist das „Nein" zu hart gekochten Eiern in einer ansonsten harmonischen Partnerschaft ohne große Bedeutung. Aber es gibt Situationen und Prozesse, in denen das „Nein" das heiligste Wort und eine Grenze zu setzen die Verkörperung der Weisheit ist.

Dazu einige Beispiele.

Eine Mutter, die ihr Kind in allem gewähren lässt, vermittelt ihrem Kind eine Welt, die nicht der Realität entspricht. Und in dieser irrealen Welt aufzuwachsen, in der das heilige „Nein" fehlt, birgt die Quelle der kommenden Enttäuschungen, die dieses Kind als Erwachsenen auf allen Ebenen, privat und beruflich, erdrücken werden.

Und eine Frau, die sich von ihrem Partner alles gefallen lässt, so manche Demütigung erduldet und ein empfundenes „Nein" herunterwürgt, macht nicht nur sich selbst unglücklich, sondern trägt auch dazu bei, dass ihre Beziehung unerfüllt bleibt.

Es gibt noch viele weitere Beispiele für solche Verhaltensmuster, aber im Kern sind sie alle identisch: Auch wenn diese Menschen sich einreden oder auch wirklich glauben, aus Liebe zu handeln – dem ist nicht so. Diese Verhaltensmuster basieren auf Kindheitserlebnissen, die sich in einer verinnerlichten Unsicherheit niederschlagen. Und die Tatsache, dass diese Menschen ihre Grenze nicht behaupten, ist eine zwangsläufige Folge dieses Konzeptes. Ein solches „Nein", das aus den besagten Gründen unterdrückt wird, ist grundsätzlich zu unterscheiden von einem „Nein", zu dem man das entsprechende Selbstvertrauen und den Mut hat, das man aber aus Rücksichtnahme und Verbundenheit nicht ausspricht. Und dieses unausgesprochene „Nein" ist im Kern ein „Ja" aus Liebe.

Und wenn das „Nein" sachbedingt notwendig ist, wenn es also nicht gegen die Liebe gerichtet ist, sondern aus Liebe geschieht, ist es ein segensreiches und fruchtbares Nein. Solch ein Nein in der Liebe ist keine Einschränkung, keine Barriere für die Entfaltung des anderen, sondern es dient der Aufrechterhaltung der Harmonie in der Beziehung. Insofern hat Liebe nicht nur Platz für das Nein, sie ist zuweilen sogar dazu verpflichtet. Einem notwendigen Nein Geltung zu verschaffen ist ein Merkmal für reife Beziehungen. Deshalb muss der Klang des „Nein" in die Symphonie der Liebe eingebettet werden. Das heißt: Das Nein in der Liebe berührt nur die Sache, aber sehr sanft und behutsam, um nicht die Seele des Menschen zu verletzen. Denn das Nein in der Liebe ist ein „Nein" zu der Sache und nicht ein „Nein" zu dem Menschen. Dadurch entsteht aus einer Grenzsetzung keine Grenzüberschreitung.

Obwohl der Fokus der Geschichte auf der Notwendigkeit des „Nein-Sagens" liegt, will sie uns auf etwas Tieferliegendes hinweisen. Hindernisse zwischen mir und dem „Du" bergen ein Potenzial in sich.[7] In diesem Sinne will uns die Geschichte Mut machen, nicht unserer Überzeugung, machtlos zu sein, blind zu folgen und nicht auf unsere inneren Barrieren, Ängste, destruktiven Abhängigkeiten zu hören, sondern diese zu überwinden und mit einem authentischen und aufrichtigen „Ja" oder „Nein" die richtigen Weichen auf dem Weg zur eigenen inneren Freiheit und Stabilität und zu einer erfüllten Beziehung zu stellen.

....

7 Aus dem Kapitel „Wie viel ‚Du' verträgt ein ‚Ich'?" in dem Buch „Die Kunst Beziehungen in den Sand zu setzen" von Mohsen Charifi.

*Wenn der Ehemann in unserer Geschichte ein „Ja" oder ein „Nein",
das aus Liebe wächst, in sich tragen würde, könnte er die Frage seiner
Frau, ob ihm das Ei schmeckt, auch so beantworten:*

*„Weil du dieses Ei gekocht hast, ist es für mich ein kostbares Ge-
schenk und ich esse es mit Freude, obwohl ich sonst nie harte Eier
esse."*

24.

DER PHYSIKER UND DER SUFI

Zu einem Kongress über die Weltbilder von Buddha und Einstein waren viele namhafte Wissenschaftler, Mönche und Sufis aus allen Gegenden der Welt eingeladen. Auf einen Vortrag über kosmologische Gesetze und den Sinn des Seins folgte eine Podiumsdiskussion zwischen einem Physiker und einem Sufi. Beide antworteten auf die Fragen des Publikums mit gänzlich verschiedenen Schwerpunkten und Begründungen, die von zwei völlig verschiedenen Weltanschauungen zeugten. Nach einer langen und angeregten Diskussion bat der Moderator die beiden, zum Abschluss ihren Kerngedanken und ihre Weltanschauung in wenigen Sätzen zusammenzufassen.

Der Physiker sagte:

„Die Physik kann nicht nur die Rotation der Elektronen um den Kern des Atoms, der Planeten um die Sonne und der Sonnen um das Zentrum unserer Galaxie mit einigen Naturgesetzen erklären, sondern auch weitgehend alles, was sich sonst in der stofflichen Welt abspielt. Um einen noch tieferen Einblick in die Natur und den Kosmos im Ganzen zu erhalten, suche ich weitere Naturgesetze und glaube an ihre absolute Gültigkeit. Deshalb sind Naturgesetze das Höchste, was ich kenne."

Der Sufi sagte:

„Ich bin voller Anerkennung und Bewunderung für die Errungenschaften der Physik. Sie erweitern unseren Horizont und vermitteln tiefe Einsicht in die Welt der Materie und auch in kosmologische Zusammenhänge. Deshalb freue ich mich ganz besonders, dass Sie als Physiker bereits einige Naturgesetze gefunden haben und weitere suchen. Ich aber suche nicht die Gesetze – mir liegt der Gesetzgeber am Herzen."

DIE UFER DES SINNS

Ich bin selbst Physiker und weiß, wie weit die physikalischen Gesetze die fundamentale Basis aller Wissenschaften sind, die sich mit der materiellen Welt beschäftigen. Deshalb kann ich die Begeisterung dieses Physikers und seine Anschauung, die Naturgesetze als höchste Instanz zu sehen, sehr gut nachvollziehen. Aber ich hatte auch das Glück, durch meinen Werdegang in eine Sichtweise hineinzuwachsen, die sich nicht nur auf die Naturgesetze bezieht, sondern die weit darüber hinaus den Sinn und Zweck des ganzen Seienden im Visier hat. In diesem Sinne führten mich mein kultureller Hintergrund, die Begegnung mit mystischen Gedanken und philosophischen Fragen und ihr Bezug zu physikalischen Gesetzen und letztlich auch meine Tätigkeit als Therapeut unweigerlich zu den Grundfragen des menschlichen Seins.

Physik versucht zwar, alle Prozesse in der stofflichen Welt mit Naturgesetzen zu erklären, und sie ist auch eine große Bereicherung bei der technischen Bewältigung des Lebens. Aber sie erklärt nicht, wie wir selbst uns in der konkreten Welt, die wir unser Leben nennen, zurechtfinden sollen. Physik erklärt die Entstehung des Ganzen, also der Welt, durch den Urknall. Doch die Fragen nach dem Sinn dieses Geschehens und nach dem, was vorher war, sind in der Physik nicht zulässig. Aber der verborgene Sinn hinter solchen Fragen ist ein Hauch der Fragen eines Mystikers und Sufis.

Das meinte wohl der Sufi, als er sagte, er suche nicht die Gesetze, sondern den Gesetzgeber; nicht die Gesetze der Natur, sondern der Sinn der Natur und des Seins und der Sinnstifter selbst sind sein Fokus. Wenn die Entstehung der Welt letzten Endes nicht begründet wird, dann bleibt auch der Sinn des Lebens offen.

Aber wir alle sind Suchende. Während das Verlangen und die Sehnsucht der Sufis, das kosmische Rätsel zu ergründen, die Antwort in Höherem sucht, bemühen wir uns, im Daseinskampf unseren Alltag und unser Leben erträglicher und sinnvoller zu gestalten. Diese Mühe ist das Echo jener Suche nach Höherem.

Irgendwo in dem breiten Ozean zwischen dem materiellen, pragmatischen und dem mystischen Ufer der Anschauung schwimmt das Boot unseres individuellen Lebens. In welche Richtung soll man paddeln? Die Suche nach der richtigen Richtung wäre wieder die Frage nach dem Sinn des Lebens. Aber nicht jeder schaut nach dem fernen Ufer der umfassenden Sinnfrage und nicht in jeder Brust schlägt das Herz für die Frage, was der tiefere Sinn des Lebens sein soll. Doch auch solche Herzen können in einem lebendigen Rhythmus schwingen, die anstelle der Suche nach dem Sinn des Lebens lernen, ihrem eigenen Leben selbst einen Sinn zu geben und es mit Leichtigkeit, Lust und Freude zu gestalten.

25.

VOM GUTEN RUF DES STOLZES

An der Mainzer Universität gab es Anfang der 1960er-Jahre, zu Beginn meines Physikstudiums, eine Mensa mit zwei Stockwerken. Im oberen Stock waren die Speisesäle. Am liebsten hielten wir uns aber im unteren Stock auf, denn dort konnten wir rauchen, plaudern und Karten spielen. Die meisten Deutschen spielten Skat und die anderen beschäftigten sich mit Weltpolitik und Philosophie, jedoch ohne jeglichen Tiefgang.

Wie so oft saß ich eines Tages wieder einmal im Untergeschoss der Mensa und spielte Schach. Während des Spiels bemerkte ich, dass am Nebentisch, wo ein paar Perser und Deutsche saßen, eine heftige Diskussion ausbrach. Aber ich war zu sehr in mein Spiel vertieft, um dem Geschehen zu folgen. Trotzdem bemerkte ich, dass der Streit immer heftiger und die beiden Seiten immer aufgebrachter wurden. Da kam plötzlich ein befreundeter Perser vom Nachbartisch herüber und sagte zu mir:

„Mohsen, dein Deutsch ist besser als unseres. Komm doch bitte mal mit und hör dir an, was diese unkultivierten Angeber von Deutschen da sagen. Und dann mach denen bitte einmal deutlich, was für einen Blödsinn sie da reden."

Also folgte ich ihm und hörte dem Schlagabtausch stehend ein paar Minuten zu.

Ein deutscher Student sagte:

„Der Iran ist wirtschaftlich völlig fertig. Was macht ihr schon außer Teppiche knüpfen und Pistazien anbauen? Wir dagegen sind führend in Technologie und Wissenschaft; wir haben in den letzten fünfzehn Jahren mehr erreicht als ihr in den letzten tausend."

Wütend erwiderte ein Perser:

„Das ist eben eure deutsche Überheblichkeit, mit der ihr zwei Weltkriege angefangen und trotz größten Einsatzes doch verloren habt. Vielleicht ist unser Volk nicht so wohlhabend, aber wir haben keine blutigen Hände. Wir sind nicht die Mörder von Millionen unschuldigen Menschen. Ihr genießt den Ruhm, Faschisten zu sein, während wir auf 2500 Jahre Kultur zurückblicken."

„Und was hat euch all eure Kultur genützt?", erwiderte ein Deutscher mit einem herablassenden Blick. „Jetzt habt ihr euren Schah, der ein egoistischer Diktator ist, und seid ein unterentwickeltes Land. Das beste Beispiel seid ihr selbst: Ihr seid alle hierhergekommen, um zu studieren – und am Ende bleibt ihr ganz hier. Aber kein Deutscher würde in den Iran gehen, um dort zu studieren, geschweige denn um dort zu leben. Da seht ihr mal, wie sehr ihr auf uns angewiesen seid und wie wenig euch eure alte Kultur nützt."

Nachdem ich eine Weile zugehört hatte, nickte ich, drehte mich um und wollte mich wieder an meinen Tisch zurücksetzen. Da hielt mich mein Bekannter auf, der mich herübergebeten hatte.

„Was ist denn jetzt, Mohsen? Du hast doch noch gar nichts zu dem ganzen Streit gesagt. Hast du nicht gehört, was für einen Unsinn die Deutschen reden?"

„Ich habe mich bewusst nicht zu eurem Gespräch geäußert, weil ich euch nicht in den Rücken fallen wollte. Denn was die Deutschen sagen, ist richtig."

„Was?!", rief er vollkommen entsetzt. „Weißt du, was du da tust? Das ist, als wenn man nach oben spuckt: Die Spucke fällt auf einen zurück. Und das kann nicht dein Ernst sein. Hast du denn gar keinen Stolz?"

DER DECKMANTEL NAMENS STOLZ

Die Frage meines Freundes „Hast du denn gar keinen Stolz?" empfand ich zunächst nicht als Frage, sondern fast als eine Beleidigung. Dennoch schwang in dieser Äußerung etwas mit, das mich neugierig machte. Irgendwie fiel es mir schwer, die Frage, ob ich stolz war oder nicht, zu beantworten, und diese Frage verfolgte mich. Wochen später hatte sich die Frage etwas verändert und sie lautete: „Stolz auf was?" Doch in meinem jugendlichen, intensiven und bunten Leben ging diese Frage unter.

Erst Jahrzehnte später konnte ich das nachvollziehen, was ich damals nicht beantworten konnte, nämlich was Stolz ist, und verstand, warum ich dieses Wort instinktiv nicht mochte. Ich stellte fest, dass Stolz zwar einen sehr guten Ruf genießt, aber sehr oft nur ein schillernder Deckmantel ist, unter dem sich ein Defizit verbirgt. Die negative Seite des Stolzes fasse ich heute mit voller Überzeugung so zusammen:

„Stolz ist ein Charakterfehler."

Diese Äußerung, die wie eine unangebrachte Ermahnung und eine Kampfansage klingt, stößt oft erst einmal auf heftigen Widerstand. Dieser Widerstand geht jedoch in der Regel nach der Analyse des Begriffes Stolz in eine bereichernde Einsicht über.

Bei näherem Hinschauen läuft folgender Prozess ab: Man sieht in irgendetwas etwas Wertvolles, Erhabenes oder Erstrebenswertes.

Und damit identifiziert man sich – entweder mit einer Leistung, die man selbst erbracht hat, oder mit äußeren Gegebenheiten und Fakten, für die man nichts kann. Beispiele für Dinge, mit denen man sich identifiziert, sind berufliche Erfolge, das eigene Aussehen, die soziale Herkunft, Nationalität und Ähnliches. Bei alledem handelt es sich um Dinge, die mit dem Kern des Menschen selbst nichts zu tun haben. Und gerade wenn man diesen Kern nicht bejaht, versucht man unbewusst, dieses innere Nein durch Stolz zu kompensieren. Mit anderen Worten: Unbewusst verbergen wir unter dem Deckmantel des Stolzes ein geringes Selbstwertgefühl.

Folgende Beispiele sollen zwei Dinge veranschaulichen. Erstens beinhalten sie typische Objekte, auf denen der empfundene Stolz basiert. Zweitens werfen sie die Frage auf, warum nicht ein anderes Gefühl anstelle des Stolzes in uns entsteht.

„Ich bin stolz, Deutscher zu sein.“

„Ich bin stolz auf meinen Sohn.“

„Ich bin stolz auf das, was ich erreicht habe.“

Bei all diesen Sätzen könnten wir anstelle von „Ich bin stolz“ auch die Formulierung „Ich freue mich“ wählen:

„Ich freue mich, Deutscher zu sein.“

„Mein Sohn ist eine große Freude in meinem Leben.“

„Ich freue mich über das, was ich erreicht habe.“

Warum entsteht bei uns, ähnlich wie in diesen Beispielen, eher das Erlebnis, stolz zu sein, als das Gefühl der Freude? Weil das Gefühl der Freude nicht dem Selbstwert dient, sondern sich ausschließlich aus der Sache selbst entfaltet. Wie gesagt stammt der Drang, sich aufzuwerten, aus der Quelle eines brüchigen Selbstwertgefühls, das uns in der Regel gänzlich unbewusst ist. Und deshalb ist dieser Drang viel stärker als das Gefühl der Freude, das nicht dazu geeignet ist, sich aufzuwerten.

Das, was stolz macht, ist etwas außerhalb von dem Kern des Ich, sozusagen ein geliehenes Gut. Und etwas Geliehenes fordert immer seinen Tribut; man zahlt es mit Zinsen zurück. Schließlich bleibt das Negative, das durch den Stolz überdeckt wird, weiterhin bestehen und kommt durch belastende Verhaltensmuster wie zum Beispiel, sich in den Vordergrund zu drängen, unangemessene Selbstbehauptung, den Drang, recht zu behalten, und eine gegen die Realität gerichtete Rigidität zum Ausdruck. Und die Summe dieser Zinsen, die man über Jahrzehnte bezahlt, ist viel höher als der Gewinn, den man durch das Gefühl, stolz zu sein, erhalten hat. Es sei darauf hingewiesen, dass es bei alledem nicht um die Wahl der Worte geht, sondern um die Einstellung, die hinter unseren Äußerungen steht. Wenn jemand also die Worte „Ich bin stolz" als Ausdruck seiner Freude wählt, vermittelt er eine positive Befindlichkeit und benutzt nicht den oben erwähnten Deckmantel.

Die destruktive Neigung, „emotionale Darlehen" aufzunehmen, hat viele Facetten. So berichtete mir eine gut aussehende junge Frau mit einer hohen beruflichen Position, dass sie niemals das Haus verlasse, ohne sich vorher mit erheblichem Zeitaufwand geschminkt zu haben. Auch wenn sie um die Ecke zwei Brötchen kaufen wolle, würde sie sich das nie trauen, ohne sich zu schminken. Hier taucht der Begriff „Stolz" nicht auf – wohl aber die Einstellung dahinter. Denn diese Frau erliegt trotz ihres hohen sozialen Standes, ihrer beruflichen Erfolge und ihres guten Aussehens dem Zwang, sich durch Schminken aufzuwerten.

In diesem Beispiel entspricht das starke Schminken dem Tragen einer Maske; wer eine Maske trägt, hat im Grunde Angst, sein Gesicht zu verlieren. Diese Angst ist im Kern der erwähnte Zins, den man dafür zahlt, sich aufzuwerten. Diese Metapher soll verdeutlichen, dass das, was stolz macht, also wodurch man sich aufgewertet fühlt, ein geliehenes Gut ist. Mit Stolz schminkt man seine Seele und lebt mit dem verborgenen Gefühl: „Mein wahres Gesicht ist hässlich."

Wenn ich heute auf mein damaliges Erlebnis in der Mensa und die Frage, ob ich nicht stolz sei, zurückblicke, habe ich eine ganz klare Antwort: Das Gefühl, stolz zu sein, ernährt einen trügerischen Schein, der ermöglicht, dass man sich nicht mit seinen tief empfundenen Selbstzweifeln konfrontieren muss. Um den Verführungen des Stolzes zu entgehen, um also die latenten Selbstzweifel nicht weiter zu hegen und zu pflegen, sondern sie zu überwinden, fand ich für mich einen heilsamen Weg: Tue, was Freude macht. Tue, was notwendig ist. Aber tue niemals etwas, um gut zu sein.

26.

DER WETTBEWERB
ZWISCHEN ZWIEBELN UND KNOBLAUCH

*Frei nach einer Geschichte, die unser Philosophielehrer uns
erzählte, um zu erklären, was die Dinge wirklich kostbar macht.*

Ein Kaufmann machte immer wieder lange Reisen, um neue
Länder und Städte kennenzulernen und wenn möglich auch
Geschäfte zu machen. Eines Tages führte ihn sein Weg in ein
fernes Land mit pulsierenden Städten, geprägt von wunderschönen Häusern und Plätzen und langen Straßen mit Läden
voller Kostbarkeiten. Er sah die Möglichkeit, dieses oder jenes
Geschäft zu machen, und beschloss, ein paar Tage dort zu verweilen.

Alles gefiel ihm sehr gut. Alles – bis auf das Essen. Alles, was er
zu essen bekam, war von bester Qualität, doch geschmacklich
fade.

„Etwas Zwiebel würde aus dieser Masse von Teig und Fleisch
ein köstliches und fürstliches Mahl machen", dachte er und bat,
dass man ihm eine Zwiebel bringen möge. Und er war höchst
überrascht zu erfahren, dass man in diesem Land Zwiebeln
nicht kannte.

Da schlug die Idee für das große Geschäft, auf das er in diesem fernen Land gehofft hatte, wie ein Blitz bei ihm ein. Unmittelbar fuhr er zurück nach Hause, kaufte jede Menge Zwiebeln und reiste mit einem vollgeladenen Wagen zurück in dieses Land. Die Menschen, die ja noch nie Zwiebeln gesehen oder gar gegessen hatten, waren begeistert. Sie fanden, dass Zwiebeln nicht nur ihre Nahrung geschmackvoller machten, sondern dass sich einige nach und nach sogar körperlich immer wohler fühlten. Um sich bei diesem Mann für die Bereicherung ihres Lebens durch das große Geschenk, das er mitgebracht hatte, zu bedanken, beschloss der Große Rat, ihn mit dem Kostbarsten zu belohnen, das sie hatten. Sie beluden seinen Wagen mit Gold und Juwelen und der Kaufmann kehrte nach Hause zurück und lebte als ein sehr reicher Mann.

Dieser plötzliche Reichtum konnte den Menschen in der Heimatstadt des Kaufmannes natürlich nicht verborgen bleiben. Insbesondere machte er den schärfsten Konkurrenten des Kaufmannes, ebenfalls ein tüchtiger Händler, neidisch und vor allem sehr neugierig. Er bohrte bei den Nachbarn und Bekannten des Kaufmannes so lange nach, bis er erfuhr, dass sein Konkurrent schlicht und ergreifend durch den Verkauf von Zwiebeln zu so großem Reichtum gekommen war. Clever, wie dieser Händler war, sagte er sich:

„Wenn die Menschen in dem besagten Land so begeistert auf Zwiebeln reagieren – wie begeistert werden sie erst sein, wenn ich ihnen Knoblauch bringe, der in all seinen Eigenschaften viel intensiver ist als Zwiebeln!"

Gedacht, getan. Er belud einen großen Wagen mit Knoblauch und begab sich auf die lange Reise zu dem fernen Land. Und in der Tat war der Zauber, den der Knoblauch auf die Bevölkerung dieses Landes ausübte, viel ergreifender als die Faszination, die sie durch Zwiebeln erlebt hatten. Die Begeisterung der Menschen kannte keine Grenzen und so wurde im Großen Rat wieder lange diskutiert, wie sie diesem Mann ihre Dankbarkeit vermitteln konnten. Da waren sie sich einig:

„Ihn können wir nur mit dem Kostbarsten, das wir haben, belohnen."

So bepackten sie seinen Wagen mit Zwiebeln und nahmen dankbar und zufrieden Abschied von ihm.

WAHRE LEBENSKÜNSTLER

Man kann den Vogel des Glücks nicht immer mit denselben Körnern locken. Die Ströme des Lebens und die Winde des Schicksals haben so unendlich viele Facetten; einer Ruhephase folgen ungeahnt Hunderte mächtige Turbulenzen und ein Orkan verwandelt sich bescheiden in eine leichte Brise. Wie sollte dann der Weg eines losgelösten Blattes in den Händen dieser Elemente jemals vorhergesagt werden?

Das Leben besteht aus einer unendlichen Fülle von Gegebenheiten, Prozessen, Ereignissen, die man weder als solche noch in ihrem Zusammenwirken erfassen kann. Wie sollte man dann mit dieser Unendlichkeit an Variablen kalkulieren? Wie sollte man bei einer Entscheidung all die Pros und Contras, all das Gewesene und Kommende, alles Unbewusste und Bewusste in Betracht ziehen? Woher die Gewissheit nehmen, um zu sagen: Das ist richtig und das ist falsch? Mit anderen Worten: Es ist realistisch, dass wir das Leben nicht kalkulieren können. Es würde uns das Leben sehr erleichtern, wenn wir diese Weisheit beherzigten.

Die Überlegungen des zweiten Kaufmanns waren in sich schlüssig und absolut logisch, erreichten aber doch nicht ihr Ziel und brachten nicht den erhofften Gewinn – er konnte nicht die Fülle aller Faktoren, die sein Vorhaben beeinflussten, erfassen. Zwar hat er zu Recht damit gerechnet, dass er mit dem Kostbarsten, was die Menschen in diesem fernen Land haben, entlohnt würde. Er hat jedoch nicht damit rechnen können, dass das Kostbarste für sie Zwiebeln sind.

Man kann das Leben als ein buntes und schönes Spiel erleben, wenn man sich bewusst macht, dass man nicht immer gewinnt. Das heißt, mit Freude Gelegenheiten wahrzunehmen, seinen Zielen lustvoll zu folgen, aber nicht krampfhaft auf Erfolg zu warten. Gute Verlierer, Menschen, die nicht gegen die Realität kämpfen, sind die wahren Lebenskünstler. In einem Satz: Das Leben schuldet dir nichts, aber es hat ein paar Geschenke in petto.[8]

---

8 Aus dem Buch „Wer soll siegen? Kopf oder Herz?" von Mohsen Charifi.

27.

DER KRANKE SULTAN

Den Leitgedanken dieser Geschichte kenne ich durch einen
Aufsatz eines Mitschülers aus der elften Klasse.

Es war einmal ein warmherziger und kluger Sultan, dem das Wohl seines Volkes am Herzen lag, der aber gleichzeitig von dem Ehrgeiz getrieben wurde, als einer der größten Herrscher in die Geschichte einzugehen. Was ihn aber störte, war, dass er seit geraumer Zeit keinen tiefen und erholsamen Schlaf finden konnte. Dadurch wurde er immer unausgeglichener und gereizter und seine Aufgaben als Sultan wurden davon in Mitleidenschaft gezogen. So konnte er sowohl seinem Herzenswunsch als auch seinem Ehrgeiz immer weniger gerecht werden. Als alle Bemühungen seines Leibarztes nicht halfen, ließ der Sultan verkünden:

„Wer mich heilt, sodass ich meinen tiefen Schlaf wiederfinde, bekommt ein Zehntel meines Reiches."

Daraufhin reisten die besten Ärzte von nah und fern an seinen Hof und versuchten, den Sultan zu heilen. Lange berieten sie sich, wandten die alten Rezepturen und bewährten Heilmittel an, aber nichts half und keinem gelangt es, dem Sultan den ersehnten Schlaf zu bringen.

Eines Tages jedoch trat ein Derwisch vor den Sultan und sagte:

„Du gütiger Herrscher, es gibt einen Weg zur Linderung deines Leidens. Lass einen glücklichen Menschen suchen und dir das bringen, worauf er schläft. Wenn du ebenfalls darauf schläfst, dann wirst du von deinem Leiden befreit und mit einem tiefen und erholsamen Schlaf beschenkt."

So sandte der Sultan Scharen von Soldaten aus, um einen glücklichen Menschen zu finden. Sie durchsuchten das ganze Land, fanden aber nicht einen einzigen Menschen, der ganz und gar glücklich war. Sie fanden Reiche, die krank waren; Gesunde, die mit der Armut kämpften; gesunde Reiche, die einsam und ohne Frau und Kind lebten, und kinderreiche Familien, die zerstritten und verfeindet waren. Kurz und gut: Jeder hatte etwas zu beklagen, niemand konnte von sich sagen, dass er glücklich sei.

Ein kluger Soldat hatte nach langer und vergeblicher Suche die Eingebung, ganz bewusst auch in dem entlegensten und ärmsten Teil des Landes zu suchen, wo man keine glücklichen Menschen vermutete. Da kam er eines Abends in ein kleines Dorf. Als er an der ersten ärmlichen Hütte vorbeiging, sah er durch das geöffnete Fenster einen alten Mann und hörte, wie dieser gerade betete:

„Gott, ich danke dir für mein glückliches Leben. Ich habe meine Arbeit mit Freude getan, habe mich satt gegessen und werde gut schlafen."

Da freute sich der Soldat über alle Maßen, denn er wusste, dass er endlich einen glücklichen Menschen gefunden hatte. Er ging in die Hütte und sagte zu dem glücklichen Mann:

„Wenn du deinem Sultan dein Bett schenkst, wirst du reichlich belohnt."

Da antwortete der Mann:

„Ich brauche keine reiche Belohnung; ich würde unserem Sultan auch so mein Bett schenken. Aber sieh dich um, ich habe kein Bett."

Der Soldat bat ihn:

„Dann gib dem Sultan die Matratze oder die Decke, auf der du schläfst."

„Aber schau, auch so etwas habe ich nicht. Ich schlafe auf der nackten Erde."

Da dachte der Soldat mit der größten Enttäuschung:

„Ich kann dem Sultan doch nicht die Erde bringen. Wie soll ich ihm jetzt mit leeren Händen begegnen?"

Aber er hatte keine Wahl. Und so ging er mit schwerem Gang zum Sultan und teilte ihm beschämt mit:

„Der glücklichste Mensch, den wir gefunden haben, schläft auf der nackten Erde – und die kann ich Euch nicht bringen."

Der kluge Sultan vernahm seine Worte und er spürte unmittelbar die heilende Wirkung. Eine tiefe Ahnung beschlich ihn, was seine Unruhe und Schlaflosigkeit bewirkte. Er ließ den Soldaten mit Dank und Geschenken verabschieden; dann zog er sich in seine Gemächer zurück.

Am nächsten Morgen, nach einem langen und erholsamen Schlaf, wachte der Sultan auf und ließ dem Derwisch, der ihm den Weg zur Heilung gezeigt hatte, ein Zehntel seines Reiches übertragen. Der Derwisch bedankte sich und sagte zum Sultan:

„Nicht ich allein war der Überbringer dessen, was dich von deinem Leiden befreit hat, sondern der kluge Soldat, der nicht unter den Reichen den Glücklichen suchte, und der glückliche Mann, der auf dem nackten Boden schläft, haben mit zu deinem Wohlbefinden beigetragen."

Und so beschloss der Derwisch, sein Geschenk unter dem Soldaten und dem glücklichen Mann aufzuteilen.

DER UNBEKANNTE FEIND DES GLÜCKS

Wenn man diese Geschichte einem Pessimisten, einem Realisten und einem Mystiker erzählt und sie nach ihrer Meinung fragt, könnte man sich ihre Antworten in etwa so vorstellen:

Der Pessimist sagt spöttisch: „Die Moral der Geschichte, dass Dankbarkeit und Bescheidenheit glücklich machen, ist nur ein Ammenmärchen und gilt für diesen Mann nur im Sommer. Wenn der Winter kommt und er auf dem eisigen Boden schläft, wird er sich den Tod holen. Und dann ist es auch mit seinem Glück vorbei."

Der Realist sagt nüchtern: „Dieser Mann lebt doch nicht erst seit diesem Sommer. Er ist alt genug und hat bereits viele, viele Winter hinter sich gebracht. Deshalb wird er den nächsten Winter auch überleben. Ein Winter wird nicht das Ende seines Glücks sein."

Nun zum Mystiker. Um das zu verstehen, was der Mystiker sagen würde, müssen wir wissen, dass Mystiker und Derwische seelenverwandt sind. Sie haben die gleichen Gedanken, eine Leichtigkeit im Umgang mit dem Leben, und sie beide kennen befreiende Wege aus seinen Verwicklungen.

So auch der Derwisch in unserer Geschichte. Denn er wusste, dass der Sultan einerseits mit seiner Warmherzigkeit jeden glücklich machen wollte, andererseits aber von dem Ehrgeiz angetrieben wurde, in die Geschichte einzugehen. Der Derwisch wusste aber auch: Wie viel Güte man auch in seinem Herzen trägt und von welch edlen Taten man auch träumt, man kann nicht die ganze Welt retten.

Außerdem war ihm bewusst, dass der Ehrgeiz des Sultans, in die Ge-
schichte einzugehen, ein unlöschbarer Durst ist. Jede Handlung, die
seinem Ruhm dienen soll, würde diesen Durst nur vergrößern. Der
Derwisch wollte, dass der Sultan selbst erkennt: Er kann nicht alle
seine Bedürfnisse uneingeschränkt befriedigen, sondern er muss sich
um die Reife bemühen, die notwendig ist, um eine gesunde Balance
zwischen seinen verschiedenen Bedürfnissen herstellen zu können.
Der Sultan sollte erkennen: Weniger ist mehr. Letztlich kann man
nur das bewirken, was man in der Hand hat und wozu man fähig
ist, und das muss man akzeptieren.

Durch die nackte Erde, die man ihm nicht bringen konnte, wurde
dem Sultan bewusst: Nichts, was von außen kommt, kann ihn von
seinem Leiden und Unglück befreien, sondern etwas in ihm selbst
ist die Ursache seiner Unruhe, aber auch zugleich das Tor zu seiner
Befreiung. Das Glück und der tiefe Schlaf, mit denen der alte Mann
gesegnet war, obwohl er auf dem nackten Boden schlief, weckten den
guten Geist im Sultan. Dass der alte Mann so wenig brauchte und
so wenig abhängig von äußeren Dingen war, musste wohl die Quelle
des Glücks sein.

Mit dem, was wir durch den Derwisch darüber erfahren haben,
was in den Menschen abläuft und sie treibt, können wir nun ah-
nen, wie die Meinung des Mystikers lauten würde: Je weniger man
braucht, umso unabhängiger ist man. Und je unabhängiger, umso
glücklicher.

28.

DIE KEHRSEITE DER ÜBERZEUGUNG

Paul und Christian waren zwei Freunde, die von frühester Kindheit an miteinander aufwuchsen. Sie gingen zur selben Schule und schlossen die Schule auch zur selben Zeit ab. Sie entschieden sich sogar für dieselbe Ausbildung, und da sie beide sehr ehrgeizig waren, machten sie auch noch ihre Meisterprüfung – ebenfalls gemeinsam. Nun ging es darum, wie sie ihren beruflichen Werdegang gestalten wollten.

Paul war überzeugt, er müsse bei einer namhaften Firma als Angestellter beginnen und sich nach und nach hocharbeiten. Christian konnte sich eine Tätigkeit als Angestellter, bei der er tagtäglich Weisungen irgendeines womöglich launischen Vorgesetzten zu befolgen hätte, auf keinen Fall vorstellen. Seine Überzeugung war von vornherein, sich selbstständig zu machen und sich durch seine Leistung einen Namen zu erarbeiten.

So ging nach langen Jahren der engen Freundschaft schließlich jeder seinen eigenen Weg. Bei ihrer Abschiedsfeier sagte Paul zu Christian:

„Ich kann deine Überzeugung nachvollziehen. Das ist, was viele anstreben, und natürlich spricht auch vieles dafür. Aber das ist nicht meine persönliche Überzeugung."

Und Christian erwiderte mit einem lauten Lachen:

„Genau das wollte ich dir auch gerade sagen," und fügte hinzu: „Ist das nicht verrückt? Wir haben bisher alles gemeinsam gemacht – und kommen jetzt doch zu völlig gegensätzlichen Überzeugungen und wählen ganz verschiedene berufliche Wege."

So verabschiedeten sie sich und, da sie beide vollständig in ihrer Tätigkeit aufgingen, kam es, dass sie einander lange nicht sahen.

In dieser Zeit hatte Paul eine Anstellung in einem großen Betrieb gefunden. Er arbeitete sehr hart und erkämpfte sich mit kleinen Schritten eine bescheidene Karriere. Doch nach Jahren der Mühe, in denen die ersehnten Erfolge ausblieben und er keine Aussicht auf eine Führungsposition erhielt, ging die Firma pleite und er stand enttäuscht und verbittert ohne einen glanzvollen Lebenslauf da. Da dachte er an seinen alten Freund Christian und dessen Überzeugung, sich selbstständig zu machen, und Paul musste sich nun mit Bitterkeit eingestehen, dass Christians Überzeugung die richtige gewesen wäre.

Auch Christian, der als Selbstständiger Karriere machen wollte, war trotz guter Leistung, Hingabe und Ausdauer gescheitert. Aufträge, von denen er geträumt hatte, kamen nicht; im dichten Dschungel des Marktes hatte er es nicht geschafft, ein eigenes Revier abzustecken. Besonders betroffen machte ihn, dass er trotz seiner Fähigkeiten auf die finanziellen Mittel seiner Eltern angewiesen war. Die Verzweiflung angesichts seines beruflichen Misserfolges zwang ihn, immer wieder an seinen Freund Paul zu denken. Und entgegen seiner ursprünglichen Überzeugung musste auch er sich mit Enttäuschung eingestehen: Die Überzeugung, zunächst als Angestellter zu beginnen, wäre die richtige gewesen.

Da sind zwei Überzeugungen, die sich gänzlich widersprechen. Und da sind zwei Menschen, die jeweils eine dieser Überzeugungen in sich tragen und voller Hingabe und Anstrengung ihre Überzeugung verwirklichen wollen, aber doch scheitern. Aus diesem Erlebnis gewinnt jeder den Eindruck, die Überzeugung des jeweils anderen wäre die richtige gewesen.

Hieße dies etwa, wenn eine Überzeugung nicht zum Erfolg führt, dass sie nicht richtig war? Oder gar, dass dann ihr Gegenteil richtig sein muss? Die Beispiele aus der Geschichte haben gezeigt, dass man das nicht unbedingt sagen kann. Und was ist, wenn eine Überzeugung zum Erfolg geführt hat – heißt das, dass diese Überzeugung per se richtig war? Man mag hier eher zustimmen, aber auch hier ist die Antwort nicht eindeutig. Auch hierzu ein Beispiel.

Eine Frau liebt einen Mann und will ihn unbedingt heiraten. Dieser Mann jedoch sieht in ihr nicht seine Lebensgefährtin, mit der er alt werden möchte. Da er hohe moralische Ansprüche an sich selbst hat und sehr verantwortungsbewusst ist, möchte er diese Beziehung nicht fortsetzen, nur weil er immer wieder einige schöne Stunden mit dieser Frau erlebt. In einem Gespräch versucht er, ihr zu vermitteln, dass es für beide besser wäre, diese Beziehung zu beenden. Das will sie aber auf keinen Fall akzeptieren, denn das wäre das Ende ihrer Träume und das Auslöschen der Zukunft, die sie sich erwünscht hatte. Also überlegt sie, wie sie diesen Mann behalten kann. Sie weiß um die moralische Grundeinstellung und die Werte ihres Freundes. Daraus wächst in ihr mit zunehmender Vehemenz die Überzeugung: Wenn ich von ihm ein Kind bekomme, wird er mich nie verlassen. Geleitet von dieser Überzeugung „vergisst" sie sozusagen, die Pille zu nehmen, und wird schwanger. Und so erreicht sie, was sie wollte: Er bleibt und heiratet sie. Ihre Überzeugung, ihn durch ein Kind an sich binden zu können, hat also zum Erfolg geführt. Aber im Verlauf der kommenden Jahre, in den konkreten Auseinandersetzungen dieser beiden Menschen, in der Gestaltung ihres gemeinsamen Lebens und Alltags, kommt sein Unbehagen, der Grund, weshalb er nicht mit ihr zusammenleben wollte, immer deutlicher zur Geltung. Letztlich zerbricht diese Ehe, die nicht von Herzen, sondern durch die List der einen und die zu eng gefasste Moralität des anderen entstanden ist, und er trennt sich von ihr. Nun muss sie trotz des Kindes, das die Umsetzung ihrer Überzeugung bedeutete, ohne ihren Traummann leben. Aus der sonnigen Zukunft, die sie sich erhofft hatte, ist ein kaltes und bitteres Leben geworden.

Jetzt haben wir die Antwort auf die obige Frage: Wenn eine Überzeugung zum Erfolg führt – heißt das, dass diese Überzeugung per se richtig war? Nein, nicht immer. Aber welche Botschaft schlummert in all diesen Beispielen und was will sie uns in Bezug auf unsere eigenen Einstellungen und unser Handeln sagen? Wäre die Schlussfolgerung, dass man grundsätzlich nicht aus Überzeugung handeln sollte? Das ist sehr abwegig. Aber wenn die Überzeugung alleine kein ausreichendes Kriterium für das Handeln sein soll, wovon soll man sich dann leiten lassen? Was soll der Ausgangspunkt unseres Handelns sein?

Nähern wir uns der Antwort zunächst pragmatisch. Um ein Flugzeug zu bauen, braucht man viele Jahre der Planung und Entwicklung, viele kluge Köpfe, dann viele Tests. Am Ende steht die Überzeugung: Diese Maschine ist flugfähig und man kann es verantworten, mit ihr Tausende Menschen zu transportieren. Trotz dieses Ausmaßes an Sicherheit sind in allen Flugzeugen die wichtigsten Systeme zweifach vorhanden. So zu denken und zu handeln, das heißt, trotz aller Überzeugung und Sicherheit eine zweite Möglichkeit vorzusehen, wird im Allgemeinen als „Plan B" bezeichnet.

Was „Plan B" bedeutet, kommt der Botschaft dieser Geschichte schon sehr nahe. Aber vorab ein Beispiel dafür, was ein „Plan B" nicht ist: Wenn man voller Liebe und fester Überzeugung eine Beziehung eingeht, heißt „Plan B" nicht, dass man aus einer alternativen Überzeugung eine zweite Beziehung in petto haben sollte für den Fall, dass die erste scheitert. Stattdessen ist mit „Plan B" eine Sichtweise, eine Einstellung gemeint, die uns in die Lage versetzt, die Fülle der Möglichkeiten nicht aus den Augen zu verlieren und unsere gesamte Zukunft nicht auf einer einzigen Überzeugung und Entscheidung aufzubauen. Wie verheißungsvoll eine Überzeugung auch klingen mag, es ist unverzichtbar, in sich Platz für die Möglichkeit zu haben, dass sie nicht realisierbar ist.

Mit anderen Worten: Unsere Überzeugung ist keine Vorgabe, die wir dem Schicksal machen können. Das Schicksal kann immer dafür sorgen, dass unsere Überzeugung – aus welchen Gründen auch immer – nicht umgesetzt werden kann. „Plan B" bedeutet nun: Trotz Schicksalsschlägen oder aufgrund einer neuen Einsicht kann ich immer wieder neu planen und eine neue Überzeugung verfolgen. „Plan B" bedeutet Offenheit, Flexibilität, Selbstvertrauen, Leben mit Veränderungen.

Dennoch sind Überzeugungen die Basis unserer Entscheidungen, die das Leben in Gang halten. Sie sind eine absolute Notwendigkeit und die treibende Kraft hinter allen Aktivitäten und wichtigen Prozessen in unserem Leben. Nichtsdestotrotz haben sie etwas Rigides an sich und neigen dazu, zu einem Perpetuum mobile zu entarten. Überzeugungen sind wie ein wildes Pferd. Wenn man sie besteigt, dann bestimmt das Pferd, wie der Weg weitergeht, und nicht der Reiter. Gerade deshalb ist es wichtig, darauf zu achten, dass unsere Überzeugungen nicht mächtiger werden als unsere innere Freiheit, damit wir immer wieder die Wahl haben, mit neuen Werten, aus einer neuen Blickrichtung und aus einer neuen Überzeugung die Menschen, die Situationen, die Gegebenheiten zu bewerten und zu handeln.

Ein besonnener Umgang mit Überzeugungen bedeutet, dass man aus einem einmal eingeschlagenen Weg keine Einbahnstraße macht.

Es bedeutet, dass unsere innere Freiheit nicht durch unsere Überzeugung eingeschränkt wird, sondern dass unsere umfassende mentale und emotionale Offenheit das gesamte Spektrum der Realität erfasst. Damit haben wir einen wachen Blick als obersten Wächter über unsere Überzeugungen und können sie mit kritischer Distanz immer wieder überprüfen und – wenn nötig – neu gestalten. Dagegen ist eine dogmatische und überwältigende Überzeugung der Feind der inneren Freiheit und der kreativen Neuschöpfung. Beispiele dafür sind:

Eine Frau, die die Überzeugung in sich trägt: „Erst wenn ich eine Familie und Kinder habe, dann bin ich glücklich", oder ein Mann, der glaubt, durch eine steile Karriere habe er ein erfülltes Leben, oder auch ein Forscher, der meint, dass sein Leben durch die Entdeckung eines Heilmittels gegen eine schwere Krankheit einen Sinn bekomme – sie alle unterliegen demselben folgenschweren Irrtum. Der Irrtum liegt darin, dass sie etwas, das nur einen begrenzten Bereich des Lebens ausmacht, für ihr ganzes Leben halten. Dadurch engen sie sich selbst ein und damit auch unweigerlich ihr Leben. Diese Einschränkung entspricht dem Ritt auf einem wilden Pferd, der oben erwähnt wurde.

Die bitteren Erfahrungen, die Paul und Christian ihren Überzeugungen verdanken, legen nahe: Bevor wir ein Pferd besteigen, müssen wir es zähmen, damit es den Weg nimmt, den wir bestimmen, und dort stehen bleibt, wo wir es möchten. In diesem Sinne gilt: Kein Ziel ist so wichtig, dass man sich darin verliert. Keine Überzeugung darf der einzige Kompass in unserem Leben sein.

29.

VON DEM LEIB UND DER SEELE EINES GESCHENKES

Angelehnt an eine Geschichte, die wir uns an den Abenden
unserer Sommerurlaube im Albors-Gebirge erzählten.

Schah Abbas, der König von Persien, suchte ein Gedicht über die Schönheit seines Landes, um es in die Steine über dem Eingang seines Palastes meißeln zu lassen. Deshalb ließ er einen Gedichtwettbewerb veranstalten. Ein junger Dichter gewann den Wettbewerb und als Preis bekam er eine goldene Schreibfeder. Er war sehr stolz auf seinen Preis und wünschte sich sehr, ein goldenes Etui zu besitzen, um die Schreibfeder an einem würdigen Platz aufbewahren zu können.

Aber etwas liebte er noch viel, viel mehr als seine goldene Feder. Das war seine Verlobte. Sie war eine wunderschöne Frau mit langen goldenen Haaren – eine Haarfarbe, die in diesem Land ausgesprochen außergewöhnlich war. Und sie wünschte sich eine goldene Haarspange, um die Schönheit ihrer Haare zur vollen Geltung zu bringen. Jeder der beiden hätte dem anderen so gerne das gegeben, was dieser so sehr begehrte, aber ihr Geld reichte nicht dafür. Doch dieser Wunsch, dem anderen diese große Freude zu bereiten, wurde immer mächtiger, je näher der Hochzeitstag kam, und mit ihm wuchs die Verzweiflung, genau das nicht tun zu können.

Aus dieser Verzweiflung tauschte der Dichter schließlich seine goldene Feder gegen eine goldene Haarspange. Und aus demselben Wunsch, ihrer Verbundenheit Ausdruck zu verleihen, verkaufte seine Verlobte ihre langen Haare, um ihrem Geliebten ein Etui für seine Feder schenken zu können.

Als sie am Tag der Hochzeit ihre Geschenke auspackten, wusste jeder der beiden sofort, was passiert war. Sie lachten von ganzem Herzen, fielen sich in die Arme und spürten intensiver als jemals zuvor, wie sehr sie miteinander verschmolzen waren. Und so wurden ein leeres Etui und eine Haarspange, die ihren Verwendungszweck verloren hatten, zum äußeren Zeichen für ihre innere Verbundenheit und zum sichtbaren Zeugnis ihrer Liebe.

WANN IST GEBEN EIN GESCHENK?

Die Weisheit dieser Geschichte fasse ich so auf, dass sie uns das Wesen eines Geschenkes offenbaren will. Sie verdeutlicht, dass ein Geschenk zwei Facetten hat. Die eine Facette ist von sachlicher und funktionaler Natur; das ist sozusagen der Leib des Geschenkes. Das kann ein Gegenstand, eine Dienstleistung, Geld oder Ähnliches sein. Die andere Facette ist die Seele des Geschenkes und sie geht weit darüber hinaus. Alles, was der andere braucht, was ihm fehlt oder was er sich wünscht, erweckt in mir das Bedürfnis und das Verlangen, ihm das Fehlende zu geben, sein Bedürfnis zu befriedigen und seinen Wunsch zu erfüllen. Mit anderen Worten: Dieses Eins-Sein, dieses tiefe Gefühl der Verbundenheit ist das, was aus dem, was man gibt, ein wahres Geschenk macht.

In unserer Geschichte konnten die Geschenke ihre sachliche Funktion nicht mehr erfüllen. Er besaß nun ein Etui, hatte aber keine Feder mehr, und sie bekam eine wunderschöne Haarspange, hatte sich aber die Haare abschneiden lassen. Aber gerade durch den verlorenen sachlichen Zweck der Geschenke konnte das Gefühl des Eins-Seins und der Verbundenheit an Tiefe gewinnen. Und ebendas ist die Verzauberung durch die Seele des Geschenkes.

Aber was mag uns diese Geschichte aus der Sicht des Beschenkten sagen? Indem sie uns das Wesen eines Geschenkes offenlegt, will sie uns sanft auch auf die Gefahr der Verführbarkeit des Beschenkten hinweisen. Der Beschenkte kann sich die beiden Facetten des Geschenkes bewusst machen und darauf achten, dass er die eine nicht mit der anderen verwechselt. Und wenn er sich nicht auf allen Ebenen mit dem Schenkenden einig ist, kann er immer noch entscheiden, ob er das Geschenk lieber nicht annimmt oder ob er sich doch verführen lässt.

Und was sagt uns die Geschichte bezüglich des Schenkenden? Der Schenkende ist erst einmal jemand, der etwas gibt. Ob er mit diesem Etwas, das er gibt, den anderen von Herzen beschenken will, hängt davon ab, ob es seine wahre Absicht ist, wirklich nur zu geben. Denn das Wesen eines wahren Geschenkes liegt im uneingeschränkten Bedürfnis zu geben, nur zu geben. Und das Einzige, was man dabei nimmt, ist die Freude, geben zu dürfen.

30.
ALS DER HIRSCH SEINEM FREUND UND FEIND BEGEGNETE

Frei nach einer Erzählung aus einem unserer Schulbücher aus dem Farsi-Unterricht.

Ein mächtiger Hirsch, der seinen letzten Rivalen gerade in die Flucht geschlagen hatte, ging gemächlich zu einem Teich, um zu trinken. Als er seinen Kopf zu der spiegelglatten Oberfläche herabneigte, sah er sein Abbild im Wasser. Sein prächtiges Geweih sprang ihm sofort ins Auge: ausladend, stark und weit verzweigt. Er drehte seinen Kopf nach links und dann nach rechts und fand jede Seite seines Geweihs schöner als die andere. Voller Stolz auf sein ehrfurchtgebietendes Geweih legte er seinen Kopf in den Nacken und röhrte, dass seine Stimme vom Waldrand widerhallte.

Dann senkte er seinen Kopf wieder herab, dieses Mal noch ein wenig tiefer, um auch die Spitzen seines Geweihs zu sehen. Da fiel sein Blick auf seine Beine. Er sah nur dünne, knochige Dinger.

„Was, das sollen meine Beine sein?!", dachte er bestürzt. Für einen Moment war er wie gebannt von diesem hässlichen Anblick und schämte sich zutiefst für seine zerbrechlich wirkenden

Beine. Doch dann riss ihn ein Rascheln aus seinen Gedanken, das aus den Sträuchern hinter ihm drang. Er erkannte, dass ein Rudel Wölfe seine Unachtsamkeit genutzt hatte und bereits zum Angriff ansetzte.

Der Hirsch floh. Dank seiner langen Beine war er viel schneller als seine Verfolger, der rettende Abstand zu den Wölfen wurde immer größer und fast wäre er ihnen entkommen. Doch dann kam er an das Ende der Wiese, die in einen dichten Wald überging. Und durch diesen Wald musste er hindurch. Er musste langsamer rennen, um mit seinem Geweih nicht gegen die Bäume zu stoßen. Aber er blieb doch mit seinem Geweih im nächsten Gebüsch hängen und seine krampfhafte Mühe, sich zu befreien, führte nur dazu, dass er sich noch stärker verfing. Und so kam es, dass ihn die Wölfe einholten und fraßen.

DER PREIS DER STÄRKEN UND DER SINN DER SCHWÄCHEN

Was ist mit Kreativität? Ist sie eine gute oder eine schlechte Eigenschaft? Für einen Künstler ist Kreativität notwendig, geradezu eine unerlässliche Voraussetzung. Aber bei einem Menschen, der für die Sicherheit in einem Atomreaktor verantwortlich ist, ist Kreativität eher eine gefährliche Eigenschaft. Wie ist es, wenn man detailorientiert arbeitet? Für einen Uhrmacher ist diese Eigenschaft die notwendige Basis seines Handwerks. Für den Vorstandsvorsitzenden eines internationalen Konzerns dagegen ist eine solche Einstellung zur Arbeit eine Katastrophe.

Eigenschaften, die wir unserer Handlungsfähigkeit und Entschlossenheit beziehungsweise unseren Ängsten und Unsicherheiten zu verdanken haben, sind – soweit sie nicht besonders stark ausgeprägt sind – per se weder gut noch schlecht. Deshalb sollten wir nicht unter einer Eigenschaft, die wir als Schwäche empfinden, leiden oder uns ihretwegen schämen. Und ebenso sollten wir nicht stolz auf das sein, was wir als unsere Stärken ansehen. Denn eine „Schwäche" ist nicht zwingend ein Defizit unserer Persönlichkeit, sondern in der Regel nur eine Eigenschaft, die für eine bestimmte Situation und für bestimmte Ziele nicht geeignet ist – dafür aber hervorragend für andere Bereiche. Genauso verhält es sich mit dem, was wir als unsere „Stärken" empfinden.

Wenn du zum Beispiel im privaten Bereich in besonderem Maße geduldig, loyal, verständnisvoll und empathisch bist und dies als eine lobenswerte Eigenschaft deiner Persönlichkeit ansiehst, begünstigt dieselbe Einstellung, dass du beruflich irgendwie zu einem „Mädchen für alles" wirst und öfter jemanden vertrittst, Forderungen, die du nicht einsiehst, trotzdem nachgehst, und dass deine Kollegen dich trotz geringerer Leistung beruflich überholen.

Diese Gedanken legen nahe, dass man nicht von Schwächen oder Stärken der Persönlichkeit reden sollte, sondern von bestimmten Eigenschaften, die in manchen Situationen besser und in anderen weniger gut geeignet sind.

Plakativ formuliert: Was ist ein geeigneteres und besseres Werkzeug – ein Schraubenzieher oder ein Hammer? Deine differenzierte Antwort kannst du immer dann in Betracht ziehen, wenn es um die Bewertung deiner Eigenschaften geht. Keine Eigenschaft, die du als negativen oder positiven Anteil deiner Persönlichkeit siehst, sollte die Basis deines Fühlens, Denkens und Handelns sein – denn du selbst bist größer und mächtiger als all deine Eigenschaften. Du selbst als

oberste Instanz bestimmst darüber, ob du dich in der tiefen Enttäu-
schung über deine vermeintlichen Defizite oder der Euphorie über
deine scheinbaren Stärken verlierst oder ob du gelassen ihr Wirken
zur Kenntnis nimmst und entscheidest, wie du besonnen mit ihnen
umgehen kannst.

31.
DIE SPUREN DER VERGANGENHEIT

Ein Mann, der von innerer Unruhe geplagt wurde, suchte einen weisen Derwisch auf, um ihn nach einem Rat zu fragen, und schilderte den Grund seiner Unruhe:

„Seit geraumer Zeit quält etwas meine Seele und bedrückt mein Herz. Schmerz wurde mir zugefügt und ein Unrecht ist mir geschehen. Nun frage ich dich: Wie kann ich wieder Ruhe in mir finden? Denn ich zweifele, welcher Weg der richtige ist: Soll ich Rache üben oder versuchen, es zu vergessen? Denn wenn ich mich bemühe, es zu vergessen, dann drängen sich mir die Gelüste nach Rache auf. Und wenn ich Rachepläne schmiede, dann höre ich eine leise Stimme in mir, die sagt: ‚Es wäre besser für dich, wenn du es einfach vergisst.‘ Nun bitte ich dich um Rat: Welchen dieser beiden Wege soll ich beschreiten?"

Der Derwisch erwiderte:

„Es ist gut, dass du versuchst, diese Wunde an deiner Seele zu heilen. Aber schau: Du sprichst von zwei Wegen und von deiner Verzweiflung. Denn sobald du einen Fuß auf den einen Weg setzt, bist du mit dem anderen Fuß schon auf dem anderen Weg. Ich aber sehe in dem Zweifel, den du erlebst und den du Verzweiflung nennst, deine innere Weisheit, die dich zögern lässt, damit du nicht einen der beiden Wege gehst, ohne den Sinn des anderen Weges zu verstehen. Sie sagt dir als dein Schutzengel, dass keines deiner Vorhaben der richtige Weg und die heilende Salbe für deine Wunde ist."

„Aber warum verrät meine innere Weisheit mir nicht gleich den richtigen Weg?"

„Weil die innere Weisheit nur dann spricht, wenn man bereit ist, auf sie zu hören. Und solange du glaubst, dass du entweder in der Rache oder im Vergessen deine Ruhe findest, ist dein Blick für den richtigen Weg versperrt. Aber das Entscheidende hat deine innere Weisheit dir, wie gesagt, bereits geschenkt: Dein Zögern, eine Entscheidung zu treffen, gibt dir die Zeit und die Gelegenheit zu schauen, was Vergessenwollen und Racheüben überhaupt heißt. Und vor allem: Aus welcher Quelle kommen diese reißenden Ströme, die dich überwältigen? Deine innere Weisheit will dir sagen: Suche diese Quelle und lege sie trocken. Dann findest du den richtigen Weg. Während du diesen Weg gelassen gehst, wirst du erleben, wie sich deine Rachegefühle in Luft auflösen und wie das, was du vergessen willst, zu einer blassen Erinnerung wird."

WIE AUS DEN BITTEREN FRÜCHTEN DER VERGANGENHEIT EINE BLASSE ERINNERUNG WIRD

Man kann in der Botschaft dieser Geschichte einen Baum mit zwei Ästen sehen. Der eine Ast trägt heilsame Früchte gegen Rachegefühle; der andere Früchte, die vergessen lassen, ohne Narben zu hinterlassen. Aber es sind unreife Früchte und so nicht genießbar. Sie müssen erst verarbeitet werden, damit wir ihre Botschaft erfassen können.

Um zu verstehen, was es bedeutet, etwas zu vergessen, ohne dass es Narben hinterlässt, stellen wir die folgende Frage: Was ist der tiefe-

re Sinn, wenn man versucht, etwas zu vergessen? Letzten Endes ist der Wunsch, etwas zu vergessen, eine Illusion: die Illusion, dass ein Ereignis am besten gar nicht erst geschehen wäre. Doch ein Geschehen ist wie verwehter Wind, der nie zurückkehrt: Ein Ereignis kann nicht ungeschehen gemacht werden und damit auch nicht seine Auswirkungen. Das bedeutet: Indem man versucht, das Geschehene zu vergessen, erhält man sein Leiden aufrecht. Bloßes Vergessen heißt Archivierung des Leidens und Weiterleben mit einer schmerzenden Narbe.

Was ist die Absicht hinter Rachegefühlen? Das Brennen in der eigenen Seele soll durch den Schmerz und die Niederlage, die man einem anderen wünscht, gelöscht werden. Es sollen also ein neues Leiden, ein neuer Schmerz und eine neue Niederlage entstehen – das kann nicht richtig und vor allem nicht die Lösung sein. Denn die Rache mag das Brennen in den Hintergrund drängen, aber sie kann nicht die Wunde heilen. Im Gegenteil – indem man Rache übt, bestärkt man die Bedeutung der erlebten Ungerechtigkeit. Und das ist ein sicherer Weg, diese Ungerechtigkeit nicht zu überwinden.

Die beiden Äste wachsen aus einem Stamm und haben ihre Wurzel in unserer Seele. Aber wie wir damit umgehen, betrachten wir hier unter dem zeitlichen Aspekt. Der Boden, auf dem der Baum mit seinen unreifen Früchten wächst, heißt Vergangenheit. Wie der Begriff Ver-gangen-heit schon selbst zum Ausdruck bringt, ist Vergangenheit vergangen, sie ist nicht mehr; sie ist nicht mehr Bestandteil der realen Gegenwart. Aber durch den Drang, Rache auszuüben oder zu vergessen, erhalten wir die Vergangenheit gedanklich aufrecht und geben ihr eine emotionale Realität in der Gegenwart. Wir verunreinigen sozusagen die Gegenwart durch tote Materie. Mit anderen Worten: Ein Ereignis, Geschehen oder Erlebnis, das nicht verarbeitet und überwunden wird, verwandelt sich in böse Geister, die in unterschiedlichstem Gewand erscheinen – in dieser Geschichte in Form von Rachegefühlen und der Sehnsucht nach Vergessen. Aber wie wird man diese bösen Geister wieder los?

Wenn man sich von der Last der Vergangenheit befreien möchte, heißt das nichts anderes als die Frage: Wie kann ich mich von der Last der unwiderruflichen Fakten befreien? Erst in der heilsamen Bereitschaft zu akzeptieren verliert die belastende Vergangenheit ihren Stachel und aus ihr wird eine unbeschwerte Erinnerung. Die Spuren, die die Vergangenheit hinterlassen hat, schmerzen nicht mehr. Deshalb ist es heilsam, das Bemühen zu vergessen gegen Hingabe zu verstehen zu tauschen und das Ereignis in das Leben einzubinden. Das heißt, dass du dem Ereignis seinen geeigneten Platz in deinem Leben gibst, denn es ist ohnehin unweigerlich ein Teil der Realität.

Die Ereignisse zu akzeptieren, wie sie früher waren, bedeutet, die Realität anzunehmen, wie sie heute ist. Und das ist der fruchtbarste Umgang mit der Realität. Man kann dem Schicksal nicht vorschreiben, welche Melodien es spielen soll. Menschen sind so, wie sie sind. Ereignisse passieren. Und auf vieles davon haben wir letzten Endes keinen Einfluss.

Je mehr man für diese Weisheit in seinem Herzen und in seinen Gedanken Platz schafft, je weniger man festhält, umso mehr kann man im beglückenden Augenblick verweilen und gelassen seinen Weg gehen. Auf diesem Weg hat man einen mächtigen und liebevollen Verbündeten – die innere Freiheit. Man ist befreit von allen Fesseln, insbesondere von den Fesseln der Vergangenheit.

32.
DER LEBENSLAUF ZWEIER HAMSTER

Es gab einmal zwei Hamster, die als Brüder neben einem Hamsterrad das Licht der Welt erblickten. Sie sahen den Sinn und Zweck ihres Lebens darin, dieses Rad immer schneller zu drehen, und dies taten sie auch jeden Tag. Einer der beiden Hamster war aber ein bisschen neugieriger als der andere. Er guckte hin und wieder, was noch um das Rad herum los war. Deshalb verlor er eines Tages sein Gleichgewicht, flog aus dem Rad und prallte sehr hart auf den Boden. Erst war er ganz benommen von dem Sturz. Aber nach einer Weile hatte er sich erholt. Neugierig, wie er nun einmal war, ließ er das Rad hinter sich und lief beschwingt der Nase nach.

Da traf er eine Biene, die auf einer Blume saß und sehr beschäftigt aussah. Er begrüßte die Biene und fragte:

„Was machst du da?"

„Ich trinke den köstlichen Nektar dieser Blume. Davon ernähre ich mich und meine Kinder."

„Das scheint mir etwas einseitig zu sein. Hast du denn gar kein schlechtes Gewissen?"

„Oh nein! Im Ausgleich für das, was die Blume mir gibt, sorge ich dafür, dass sie überhaupt Kinder bekommen kann. Weißt du, wir Blumen und Bienen haben eine uralte Beziehung, die aus Geben und Nehmen besteht."

Voller Bewunderung darüber, dass Geben und Nehmen Beziehungen bereichert, nahm der Hamster Abschied von der Biene und lief weiter.

Dann sah er ein Eichhörnchen, das flink von einem Baum zum anderen sprang. Es knabberte hier an einer Nuss und vergrub dort eine andere. Der Hamster beobachtete eine ganze Weile fasziniert das Geschehen. Ihm fiel auf, dass das Eichhörnchen mehr Nüsse versteckte, als es aß. Deshalb sprach er das Eichhörnchen an:

„Guten Tag, liebes Eichhörnchen. Hier gibt es doch genug zu essen – warum versteckst du so viele Nüsse?"

Das Eichhörnchen antwortete:

„Ja, jetzt gibt es viele. Aber der nächste Winter kommt und dann werde ich hier draußen nichts mehr finden. Deshalb verstecke ich so viele Nüsse: Das ist mein Proviant für magere Zeiten."

„Kannst du dich denn an alle Verstecke erinnern?", fragte der Hamster mit einem leisen Zweifel.

„Nein, das kann ich nicht."

„Dann ist es doch schade um die Nüsse, die verloren gehen."

„Oh nein! Die Nüsse, die ich vergesse, werden zu Bäumen, die später meine Kinder ernähren werden."

Überrascht darüber, wie sinnvoll all das ist, was im Schoße der Natur geschieht und was das Eichhörnchen dazu beiträgt, nahm der Hamster Abschied und setzte seinen Weg fort. Als es plötzlich anfing zu regnen, zog er sich unter einen Baum zurück. Dort sah er am Boden einen Regenwurm, der gerade aus der Erde herauskroch. Da sagte der Hamster zu ihm:

„Ich dachte, dein Zuhause ist unter der Erde. Was willst du denn hier draußen, gerade jetzt, wo es regnet? Bist du dort unten nicht geschützter als hier?"

„In der Regel ja, aber wenn es regnet, wie gerade jetzt, bekomme ich unter der Erde keine Luft und muss herauskommen, um atmen zu können."

„Dann musst du doch jedes Mal ein Loch graben. Schadet das denn den Wurzeln der Bäume nicht?"

„Ganz im Gegenteil! Durch die Löcher, die ich auf meinem Weg zum Luftholen hinter mir lasse, sorge ich dafür, dass die Erde die Wurzeln der Bäume nicht allzu fest umklammert. So schaffe ich einen Weg für die Luft, damit auch die Wurzeln atmen können."

Mit den Worten: „Was für große Taten ein kleiner Wurm wie du vollbringt!", nahm der Hamster Abschied von dem Regenwurm und lief weiter, denn der kurze Schauer war schon wieder vorüber.

Aber er lief nicht mehr so beschwingt, neugierig nach links und rechts schauend. Er war nachdenklich und ließ seine Erlebnisse Revue passieren. Er sagte sich:

„Alles, was ich gesehen habe, machte Sinn und jeder, der mir begegnete, hatte eine Aufgabe. Sie haben auf eine Art und Weise für sich selbst gesorgt, dass sogar auch für andere gesorgt war. Jeder gab, indem er nahm, und jeder nahm, indem er gab. Irgendwie scheint es, dass sich alles zu einem großen Kreis zusammenfügt und jeder ein Teil dieses Kreises ist."

Durch seine Erlebnisse drängten sich dem Hamster völlig neue Gedanken und Fragen auf, die er nie gedacht und nie gestellt hatte:

„Wie lebe ich eigentlich? Wem gebe ich was? Was ist der Sinn und Zweck von dem, was ich tagtäglich tue? Bin auch ich ein Teil des großen Kreises? Wenn nicht, was bin ich dann und warum bin ich da?"

Versunken in seine Gedanken merkte der Hamster nicht, dass er wieder an seinem Zuhause, neben dem Rad, angekommen war. Erst durch das Rufen seines Bruders bemerkte er es und vernahm dessen Vorwürfe:

„Während du verschwunden warst, habe ich etwas Sinnvolles gemacht."

Er zeigte stolz auf das Rad und sagte:

„Schau, es dreht sich jetzt viel schneller als jemals zuvor. Und was hast du gemacht?"

„Ich bin durch die Welt gegangen, die ein Fluss von Geben und Nehmen ist. Ich bin dem Leben begegnet."

VOM TIEFEREN SINN DES GEBENS

Die Gedanken, die der Hamster durch die Erlebnisse im Verlauf seiner Wanderung hatte, und die Fragen, die sich ihm aufdrängten, laufen alle in der einen Frage zusammen: Was ist der Sinn des Lebens?

Diese Geschichte geht nicht den Weg der Philosophen, die schon seit je unterwegs und auch heute noch nicht angekommen sind, sondern sie scheint eine lebensnahe Antwort auf die Sinnfrage zu geben, so wie es die Biene, das Eichhörnchen und der Regenwurm getan haben, die ein sinnhaftes Dasein führen.

Was für die Hamster das Rad ist, ist für uns Menschen der Beruf, die Karriere, Erfolg, Ansehen, aber auch Familie, Sicherheit, Gesundheit und so manches mehr. Gerade diese Dinge sind das, was wir „unser Leben" nennen. Insofern ist vieles davon notwendig. Aber die Priorität, die wir manchen dieser Dinge geben, die Energie und die Zeit, die wir in sie investieren, und der Grad unserer Abhängigkeit von ihnen entscheidet darüber, wie sehr wir unser Leben als erfüllt und befriedigend empfinden können.

Ohne mit dem moralischen Zeigefinger auf gute und auf schlechte Räder zeigen zu wollen – eines haben sie alle gemeinsam: Sie sind kein Perpetuum mobile. Der Hamster wird älter und schwächer, am Rad nagt der Zahn der Zeit und das Ölen rettet das Rad irgendwann auch nicht mehr. Das Bewusstsein für die eigene Vergänglichkeit drängt sich früher oder später unweigerlich auf. Indem wir jedoch in allen Aspekten unseres Lebens nicht uns selbst in den Mittelpunkt stellen, sondern unserem Geben eine Dimension verleihen, die das ganze Leben, alle Menschen und die Welt erfasst, werden wir ein Teil vom Ganzen. Und als Teil des Ganzen ist man sozusagen unsterblich und erfüllt.

Eine erste Annäherung hieran wären Fragen wie: Wie geht es meinem Nachbarn? Muss ich diesen Baum wirklich fällen? Muss ich alle meine Bedürfnisse befriedigen und alles haben, was ich möchte? Wie kann ich mit meinem Verhalten dazu beitragen, eine bewohnbare Erde für die nachfolgenden Generationen zu erhalten?

Geben ist die sinnhafteste Form des Lebens und der Lebendigkeit.

33.
DIE WEISHEIT DES UNIVERSUMS

Frei nach einer Erzählung, gefunden auf: www.zeitzuleben.de

Vor langer Zeit überlegten die Götter, dass es sehr schlecht wäre, wenn die Menschen die Weisheit des Universums finden würden, bevor sie reif genug dafür wären. Also entschieden sie, die Weisheit an einem Ort zu verstecken, wo die Menschen sie erst entdecken würden, wenn sie die nötige Reife erlangt hätten.

Einer der Götter schlug vor, die Weisheit auf dem höchsten Berg der Erde zu verstecken. Aber schnell erkannten die Götter, dass die Menschen bald alle Berge erklimmen würden und die Weisheit dort nicht lange genug sicher wäre. Ein anderer schlug vor, die Weisheit an der tiefsten Stelle des Meeres zu verbergen. Aber auch dort sahen die Götter die Gefahr, dass die Menschen die Weisheit finden könnten, ehe sie die nötige Reife dafür erlangt hätten.

Dann äußerte der weiseste aller Götter seinen Vorschlag:

„Lasst uns die Weisheit des Universums im Menschen selbst verstecken. An dieser Stelle wird er erst dann suchen, wenn er wirklich reif genug ist. Denn dazu muss er den Weg in sein Inneres gehen."

Und so kommt es, dass die Menschen die Weisheit des Universums in sich tragen, ohne es zu merken.

Wenn die Reife des Menschen notwendig ist, um einen verborgenen Schatz in sich zu finden, muss wohl dieser Schatz, die kosmische Weisheit, noch wertvoller sein als die eigene Reife. Daraus folgen automatisch die Fragen: Was ist Reife? Was bedeutet kosmische Weisheit? Und ab welchem Grad der Reife ist der Zugang zur kosmischen Weisheit möglich?

Diese Fragen erinnern an den Spruch: „Mit hungrigem Bauch lässt sich schlecht philosophieren." Etwas fundierter formuliert entspricht dies dem Aufbau der Bedürfnispyramide von Maslow. Sie umfasst mehrere Stufen von Bedürfnissen: physiologische Bedürfnisse, Sicherheitsbedürfnisse, soziale Bedürfnisse, Individualbedürfnisse und schließlich das Bedürfnis nach Selbstverwirklichung. Diese Bedürfnisse bauen aufeinander auf. Das heißt, dass sich ein Bedürfnis aus einer höheren Stufe erst einstellt, dass es erst wahrgenommen wird und nach Erfüllung drängt, wenn die Bedürfnisse der darunterliegenden Stufen erfüllt sind. Daraus folgt, dass erst alle anderen unteren Ebenen der Bedürfnisse befriedigt oder überwunden werden müssen, ehe man an der Spitze der Pyramide, eben auf der Ebene der Selbstverwirklichung, ankommt.

Diese Gedanken beziehen sich auf unseren Alltag, unser Leben und setzen als oberste Grenze die Selbstverwirklichung – das vollständige Ausschöpfen des eigenen Potenzials. Mit einer umfassenderen Auffassung des Lebens und des Seins gibt es jedoch eine weitere Stufe: Man kann die Selbstverwirklichung als Tor und Schwelle zum kosmischen Sein sehen. Das ist meiner Ansicht nach die höchste Stufe der Reife, die ein Mensch erreichen kann: sich als Teil des Ganzen zu empfinden. Und als Teil des Ganzen hat man auch die Weisheit des Ganzen, also die kosmische Weisheit erlangt. Poetisch formuliert: Je runder das Ich, umso leichter das Rollen zum kosmischen Horizont.

Das Erleben der kosmischen Weisheit begreife ich als einen mystischen Seinszustand, der sogar jegliches auf das Individuum ausgerichtete Streben überwindet. Es ist ein Zustand, der alle Aspekte des Seins und Lebens in sich integriert. Unabhängig davon, wie sehr man dem Horizont der kosmischen Weisheit nahekommt, ermöglicht uns allein der Blick in diese Richtung, unseren Alltag mit unseren Ängsten und Wünschen, Problemen und Konflikten von einer höheren Warte zu betrachten. Und so verliert jede Belastung und jedes Begehren an Vehemenz. Sie verlieren ihre Macht über uns und wir können ihnen mit mehr Leichtigkeit begegnen.

34.

DER ÜPPIGE GARTEN

Frei nach einer Gutenachtgeschichte von meiner Großmutter.

Es war einmal ein Gärtner, der hatte einen sehr großen Garten mit den verschiedensten Bäumen und Blumen. Er liebte alle seine Pflanzen und pflegte sie mit großer Aufmerksamkeit und Hingabe. Seine größte Freude aber war es, in seinem Garten spazieren zu gehen und mit seinen Bäumen und Blumen zärtlich zu reden, während er mit seinen Händen ihre Äste, Blätter und Blüten sanft berührte; und alle Pflanzen wussten, dass er sie liebte.

Eines Tages musste der Gärtner für mehrere Wochen verreisen. Er stellte sicher, dass sein Freund den Garten für diese Zeit versorgte und brach auf. Als er jedoch nach fast einem Monat zurückkehrte, stellte er mit Entsetzen fest, dass sein Garten, der sonst so voller Freude war, sehr traurig wirkte. Die Bäume hatten gelbes Laub, das sie abwarfen, die Blumen waren halb verwelkt, die Sträucher verdorrt. Sein Freund, der sich um die Pflanzen gekümmert hatte, war sich keiner Schuld bewusst – er war selbst am Ende seiner Weisheit, denn er hatte den Garten wie angeordnet regelmäßig gegossen. Der Gärtner lief bestürzt durch die Reihen seiner sterbenden Pflanzen. Voller Sorge begann er, mit ihnen zu sprechen.

„Was hast du?", fragte er den immergrünen Thujabaum, „wo bleibt dein grüner Mantel? Wieso verdorrst du?"

„Ach", sagte der Baum mit matter Stimme, „als du weg warst, fehlte mir deine wärmende Nähe. Da habe ich mir Gedanken gemacht. Ich habe deinen wunderschönen Apfelbaum dort drüben gesehen und da ist mir bewusst geworden, dass ich niemals so köstliche Früchte tragen werde wie er. Seitdem weiß ich nicht mehr, warum ich überhaupt wachsen und Blätter tragen soll."

Da lief der Gärtner zu seinem Apfelbaum und rief: „Apfelbaum, warum wirfst du all deine grünen Blätter und all deine köstlichen Früchte ab? Was ist mit dir?"

Da seufzte der Apfelbaum:

„Ach Gärtner, als du weg warst und ich vergebens auf deine tägliche Begrüßung wartete, da fiel mir die Rose da hinten auf. Mir wurde klar, dass ich niemals so herrliche Blüten haben werde wie sie, die so gut duften. Meine Blüten sind klein und unscheinbar und keines Wortes wert. Seitdem weiß ich nicht mehr, weshalb ich weiter wachsen und grünen soll."

Da eilte der Gärtner zu seiner Rose, die halb verwelkt war.

„Ach", sagte die Rose auf seine Frage hin, „ehe du weggingst, haben mich die anderen Pflanzen gar nicht gekümmert. Aber in der letzten Zeit sehe ich meine Nachbarn mit anderen Augen. Gerade der immergrüne Thujabaum geht mir nicht mehr aus dem Kopf, denn mir ist bewusst geworden, wie schwach und vergänglich ich im Gegensatz zu ihm bin. Seitdem", sagte sie traurig, „weiß ich nicht mehr, warum ich überhaupt blühen und wachsen soll."

Der Gärtner war bestürzt über all die Schwermut, die sich in seinem Garten verbreitet hatte und die jede seiner Pflanzen zur Verzweiflung brachte. Ratlos und voller Trauer lief er durch seinen Garten und besah sich jeden Winkel gründlich, um die Ursache des Übels zu finden. Da entdeckte er eine Blume, die in voller Pracht blühte.

„Liebe Blume", sagte er sanft, „ich bin sehr glücklich zu sehen, dass es wenigstens dir gut geht. Sag mir bitte, wie kommt es, dass du als Einzige nicht verwelkst?"

Die Blume wiegte sich leicht im Wind und erwiderte mit einem warmen Lächeln: „Als du weg warst, habe ich gehört, wie sich alle Pflanzen miteinander vergleichen und wie jeder vermisst, was alle anderen haben. Ich habe gemerkt, wie sich jeder durch das Vergleichen wertlos fühlte und erst durch dein Lob wieder aufblühen würde. Und ich erwischte mich dabei, dass ich genauso gedacht und gefühlt habe wie sie. Also wusste ich auch nicht mehr, wozu ich gut sein sollte, wo doch andere so viel mehr haben und so vieles besser können als ich. Doch dann habe ich erkannt, dass das Gefühl, wertlos zu sein, nur durch das Vergleichen entsteht. Und ich fragte mich: Was ist, wenn ich mich nicht mehr vergleiche? Es dauerte ein Weilchen und ich fand die Antwort. Und das Ergebnis ist, was du siehst: Ich blühe."

DIE QUELLE DER LEBENDIGKEIT

Viele Menschen trinken zu Mahlzeiten oder auf einer Feier ein Glas Wein oder Bier und manchmal auch zwei oder drei Gläser, mehr aber nicht. Deshalb sind sie noch lange keine Alkoholiker. Sie trinken, weil sie es wollen, und sie können es auch lassen, wenn sie es nicht wollen. Aber ein Alkoholiker braucht den Alkohol; er muss trinken, um zu

funktionieren, um seinen Alltag zu bewältigen. Genauso verhält es sich mit dem Bedürfnis nach Anerkennung, nach Besitz oder nach Zusammengehörigkeit und vielem mehr. Es ist schön, wenn diese Bedürfnisse befriedigt werden, und es ist auch menschlich und normal, wenn man das angemessen anstrebt. Aber wenn man diese Dinge und Gefühle braucht, um zu existieren, wenn man sie haben muss, um zu funktionieren, dann ist man ein Anerkennungsalkoholiker oder ein Liebesbettler.

In diesem Sinne war die Abhängigkeit der Pflanzen in dem Garten die Ursache ihres Verdorrens und Verblühens: Sie bekamen tagtäglich Zuwendung und Anerkennung durch den Gärtner. Der Strom, der den Durst ihrer Seele stillte, floss nicht aus der Quelle ihrer Selbstliebe und eigenen Lebendigkeit. Die Quelle war außerhalb von ihnen. Und als diese Quelle, der Gärtner, weg war, sind sie verdurstet.

Aber die Blume, die in voller Pracht blühte, hatte erkannt, dass erst durch Vergleichen Gefühle des Mangels, Defizits und Schmerzes entstehen und dass äußeres Lob, Anerkennung und Bestätigung diesen Schmerz betäuben. Da erfüllte sie die wärmende und aufbauende Weisheit: Sie braucht sich nicht zu vergleichen. Dann braucht sie auch kein fremdes Lob und keine Anerkennung durch andere. Sie spürte zutiefst, dass ihr bloßes Dasein genügt, um sinnvoll zu sein. Dass sie, so wie sie ist, gut und vollkommen ist. Und diese Erkenntnis war die Quelle ihrer Lebendigkeit und ihr Blühen deren Zeugnis.

Die Weisheit dieser Geschichte ist, was uns die Worte der Blume sagen wollen:

„Hör auf, dich mit anderen zu vergleichen. Schau, ich muss keine Äpfel tragen, um gut zu sein, also brauchst du auch kein Vermögen und keine Bestätigung, um gut zu sein. Ich muss auch nicht betörend duften und du musst nicht die Schönste oder die Gebildetste sein. Genauso wie ich nicht ewig grün sein muss, brauchst du auch nicht ewig jung zu sein, du musst nicht ewig funktionieren, perfekt sein und Leistung erbringen."

Jedes zwanghafte Streben mit welchem Ziel auch immer ist ein zutage tretendes „Nein" zu sich selbst. Jedes Bemühen, anders zu erscheinen als man ist, gleicht dem Tragen einer Maske. Dadurch begegnet man den anderen nicht so, wie man ist, und – was viel wesentlicher ist – man wird sich selbst fremd. Dadurch gestaltet man sein Leben so, dass es mehr dazu dient, den Schein zu wahren, als glücklich zu werden. Diesen Gedanken fasst ein persisches Sprichwort zusammen: „Es gibt Menschen, die ihren Wangen mit Ohrfeigen eine gesunde rote Farbe verleihen." Die Energie, die es kostet, die Maske aufrechtzuerhalten, fehlt uns bei der Gestaltung eines erfüllten Lebens.

Der Blume zu folgen heißt, uneingeschränkt „Ja" zu dir zu sagen, so wie du bist. Lass den Wind des Schicksals durch dein Haar wehen und die Sonne des Lebens ungehindert dein nacktes Gesicht streicheln. Dann blühst du in voller Pracht aus deiner eigenen Lebendigkeit.

35.

MEINUNGSVERSCHIEDENHEITEN IN DER VOGELFAMILIE

Frei nach einer Geschichte, die man uns im Kindergarten zum Mittagsschlaf vorgelesen hat.

Es gab einmal eine Vogelfamilie, eine Mutter, einen Vater und drei Kinder. Sie lebten in einem Nest mitten auf dem Feld eines Bauern, dessen Hof direkt an das Feld grenzte. Jeden Morgen flogen die Vögel aus dem Nest und kamen abends mit dem Futter für die Kinder zurück. Als die Erntezeit kam, wussten die erfahrenen Eltern, dass das Feld bald gemäht würde und sie deshalb umziehen müssten. Deshalb sagten sie jeden Morgen, ehe sie wegflogen, zu ihren Kindern:

„Liebe Kinder, ihr müsst genau aufpassen und zuhören, was der Bauer mit seiner Frau bespricht und wann sie mit der Ernte beginnen wollen."

Als die Vogeleltern eines Abends zurückkamen, fanden sie die Kinder in Aufruhr, und sie schrien den Eltern entgegen:

„Wir müssen heute noch ausziehen! Denn der Bauer hat gesagt: Wir werden unsere Verwandten um Hilfe bitten, um mit ihnen morgen das große Feld zu mähen."

Da sagten die Eltern:

„Kinder, seid unbesorgt. Heute können wir noch ruhig hier schlafen."

Am nächsten Morgen mahnten die Eltern ihre Kinder wieder, dass sie gut aufpassen sollten, was die Bauern sagen würden. Als sie abends zurückkamen, waren die Kinder noch unruhiger als am Abend zuvor.

„Aber heute müssen wir auf alle Fälle umziehen", riefen sie, „denn der Bauer hat gesagt: Wir werden unsere Nachbarn um Hilfe bitten."

Wieder sagten die Eltern jedoch:

„Auch heute müssen wir noch nicht umziehen."

Die gleiche Prozedur wiederholte sich auch am nächsten Tag. Als die Eltern zurückkamen, waren die Kinder außer sich. Sie waren überzeugt, morgen würde der Bauer mähen, denn er hatte gesagt:

„Wir werden die Bauern um Hilfe bitten, denen wir letztes Jahr bei der Ernte geholfen haben."

Entspannt sagten die Eltern:

„Liebe Kinder, sogar heute Nacht können wir noch hier bleiben."

Als die Eltern am vierten Abend zurückkamen, fanden sie die Kinder vergnügt und verspielt vor. Sie sagten den Eltern mit Freude:

„Heute können wir ruhig hier schlafen. Denn der Bauer hat zu seiner Frau gesagt: ‚Wenn uns keiner hilft, dann müssen wir es selbst machen und das Feld eben alleine mähen, auch wenn es sehr anstrengend wird.' Aber das glauben wir nicht, denn sie werden es allein sowieso nicht schaffen und bestimmt wieder andere um Hilfe bitten. Das Feld ist so groß – diese schwere

Last kann der Bauer nicht alleine bewältigen. Deswegen müssen wir uns keine Sorgen machen."

Da sagten die Eltern entschlossen:

„Oh nein, liebe Kinder, ganz im Gegenteil! Wir müssen heute noch umziehen."

WER IST UNSER GRÖBTER HELFER?

In der unterschiedlichen Sichtweise der Vogelkinder und ihrer Eltern liegt meiner Ansicht nach die Weisheit, die diese Geschichte vermitteln will. Sie ist ein Hinweis auf die unbändige Kraft, die aus der Entscheidung hervorgeht: „Ich selbst bin für mein Leben und meine Angelegenheiten verantwortlich. Und ich selbst werde sie auch bewältigen." Diese Einstellung ist von solch fundamentaler Bedeutung für die Gestaltung unseres Lebens, dass sie sogar Einzug in die Sprache hält. In der deutschen Sprache gibt es die Redewendung: „Selbst ist der Mann." Und im Persischen lautet ein Sprichwort mit derselben Aussage: „Niemand kratzt meinen Rücken, außer den Nägeln meiner eigenen Finger."

Die Äußerung der Bauern: „Wenn uns keiner hilft, dann müssen wir es selbst machen", war für die Vogeleltern das sichere Zeichen, dass diese ihr Vorhaben wirklich umsetzen werden. Die Entscheidung, für sein Leben selbst die Verantwortung zu übernehmen, geht mit der Entfaltung innerer Potenziale einher.

In diesem Zusammenhang drängen sich verschiedene Fragen auf. Eine ist eine analytische Frage: Warum ist die Einstellung, selbst für sein Leben verantwortlich zu sein, nicht per se der Motor und die Basis unseres Handelns? Und eine andere ist eine pragmatische

Frage: Welche Folgen hat es, wenn man die Entscheidung nicht trifft, selbstverantwortlich zu handeln – beziehungsweise welche Folgen hat es, wenn man sich für Selbstverantwortlichkeit entscheidet und die Überzeugung in sich trägt, Schöpfer der Situationen und der Gestalter seines Lebens zu sein?

Zur ersten Frage: Alle Prozesse in der Natur gehorchen dem Prinzip des minimalen Aufwandes. Regentropfen nehmen den kürzesten Weg zur Erde und ein Fluss nimmt den Verlauf des geringsten Widerstandes. Natürlich gilt dieses Prinzip auch für uns Menschen. Wir wissen, gegen unsere Beschwerden hilft uns Sport und angesichts des bedenklichen Übergewichtes müssen wir weniger essen. Aber in dem Moment der Entscheidung ist es einfacher, auf der Couch liegen zu bleiben, als Sport zu treiben. Ebenso kostet es viel mehr Kraft, sich zu beherrschen und auf das Essen zu verzichten, als sich einfach dem Genuss des Essens hinzugeben. Diese Beispiele zeigen, dass die Neigung, den geringsten Aufwand zu betreiben, stärker ist als unsere Bereitschaft, selbst die Verantwortung für die Situationen und damit für unser Leben zu übernehmen. Wenn sich zum Beispiel jemand seit Langem einsam fühlt und gerne eine Beziehung hätte, hat er jeden Abend erneut die Wahl, auszugehen und Menschen zu begegnen oder den einfacheren Weg zu gehen, zu Hause zu bleiben und fernzusehen. Doch es ist wesentlich einfacher, die Hoffnung zu hegen, dass eine Frau von sich aus auf ihn zukommen könnte, als den Aufwand zu betreiben, sich selber zu bemühen, eine Frau kennenzulernen. Man mag Schüchternheit zur Rechtfertigung seines Handelns in Erwägung ziehen, aber das ändert nichts am oben erwähnten Prinzip, minimalen Aufwand zu betreiben. Hier bedeutet das: Den Mut aufzubringen, jemanden kennenzulernen, bedarf eines höheren Aufwandes, als seiner Angst und Schüchternheit zu folgen.

Nun zur zweiten Frage: Stell dir vor, dein Leben wäre ein Boot mit Segeln, Motor, Steuer und genügend Treibstoff. Dieses Boot schwimmt auf dem Meer der Welt, des Schicksals und der Ereignisse, ein Meer mit unvorhersehbaren Stürmen und Orkanen, hohen Wellen, aber auch sanften Brisen und einer Oberfläche glatt wie ein Spiegel. Nun, wie willst du dein Leben in diesem Boot verbringen? Als Kapitän, der bei jedem Wind und Wetter das Steuer in die Hand nimmt und das Boot in die Richtung des Hafens lenkt, zu dem er möchte? Als Kapitän, der sogar den Gegenwind nutzt, indem er das Segel in die richtige Position bringt? Oder als bloßer Passagier? Dann bestimmt ein anderer Mensch, der Kapitän des Bootes deines Lebens ist, oder die Winde und Strömungen entscheiden, wo dein Boot landen wird. Dieses Bild offenbart, was geschieht, wenn du die Verantwortung für dein Leben übernimmst – oder nicht.

Wenn man selbst die Verantwortung für sein Leben übernimmt, dann ist die Häufigkeit der Situationen, in denen man Hilfe benötigt, sowie die Art und Weise und das Ausmaß, in dem man andere grundsätzlich in Anspruch nimmt, so ausgewogen, dass die Grenzen der anderen dadurch nicht überschritten werden. Vielleicht hilft uns folgender Gedanke, behutsam mit unserem Anspruch auf andere zuzugehen: Niemand ist auf die Welt gekommen mit der Verantwortung, uns glücklich zu machen, und mit der Pflicht, uns zu helfen. Aber wenn jemand es doch tut, ist es ein Geschenk. Und auf Geschenke hat man keinen Anspruch.

UM GOTT ZU GEFALLEN ...

Ein Bettler hatte seinen Stammplatz neben einem öffentlichen Bad. Er bat die Besucher um ein paar Münzen, immer mit den Worten:

„Gib mir einen Rial, um Gott zu gefallen, und Gott wird es dir reichlich vergelten."

Unter den Gästen des Bades war ein Mann, der sehr häufig kam. Auch ihn sprach der Bettler jedes Mal mit dem gewohnten Spruch an und bat ihn um eine kleine Spende. Doch dieser Mann gab ihm nie etwas und der Bettler fluchte innerlich:

„Du kaltherziger und geiziger Mensch."

Auch an einem kalten Winterabend kam der Mann wieder vorbei, um das Bad zu besuchen. Der Bettler dachte:

„Ach, dieser Geizhals! Der gibt mir bestimmt wieder nichts."

Aber er war sehr hungrig und fror auch schon stark. In seiner Not beschloss er, ihn doch anzusprechen:

„Guter Mann, ich friere und habe großen Hunger."

Kaum hatte er das gesagt, da zog der Mann seinen Mantel aus und legte ihn liebevoll um seine Schultern. Er gab ihm auch noch Geld, um sich Essen zu kaufen.

Der Bettler traute seinen Augen nicht. Voller Verwunderung fragte er:

„Ich habe dich so oft um ein paar Münzen gebeten, aber du hast mir nie etwas gegeben. Warum aber heute?"

Der Mann antwortete:

„Das stimmt, du hast mich oft um etwas Geld gebeten. Und ich sollte es tun, um Gott zu gefallen, damit Gott mir dafür etwas zurückgibt. Aber vor Gott habe ich zu großen Respekt und er ist mir zu heilig, um mit ihm Geschäfte zu machen. Aber was ich heute tue, tue ich einfach, weil du Hunger hast und weil du frierst."

VOM TAUSCHWERT DES GUTEN

Schauen wir uns die Äußerung des Badegastes einmal näher an: „Mit Gott mache ich keine Geschäfte."

Handel zu treiben und Geschäfte zu machen gehört zur Normalität des Lebens und ist sogar ein notwendiger und funktionaler Teil des sozialen Alltags. Hier ist klar, was man gibt und was man dafür bekommt. Problematisch wird es, wenn man einer Handlung, die mit der Absicht, ein Geschäft zu machen, vollzogen wird, den Anschein gibt, als sei sie eine selbstlose Hilfeleistung oder gottgefällig. Allein die Tatsache, dass die Intention verschleiert wird und dass man eine Sache tut, obwohl man etwas anderes erreichen will, bringt letzten Endes keine echte Befriedigung und belastet auf Dauer auch einen selbst.

Um diesen Gedanken zu vertiefen ein Beispiel: Wenn wir alles, was im Namen Gottes oder als Wille Gottes auf der ganzen Welt und über die ganze Geschichte hinweg bis zum heutigen Tag geschehen ist, zusammentragen, entsteht ein Meer aus Blut mit ein paar kleinen grünen Inseln. Früher bekämpften sich Katholiken und Protestanten in blutigen Schlachten im Namen Gottes und heute, Jahrhunderte später, führen Sunniten und Schiiten die gleichen heiligen Kriege. Dieses Prinzip, das eine zu meinen und das andere zu tun, gilt natürlich nicht nur für religiöse Überzeugungen, sondern für jede Ideologie. Die Destruktivität von getarnten Absichten kann uns in allen Bereichen unseres Lebens, bis hinein in jeden Schritt unseres alltäglichen Handelns begleiten.

Hierzu ein Beispiel: Jemand vermittelt seinem Partner mit Worten und Geschenken, wie sehr er ihn liebt. Aber in Wirklichkeit spürt er in seinem Herzen diese Liebe zu seinem Partner nicht – er braucht ihn jedoch. Seine Worte und Geschenke dienen lediglich dazu, den Fortgang der Beziehung sicherzustellen. Seine Abhängigkeit von einem anderen basiert in Wirklichkeit auf tieferliegenden Defiziten, wie zum Beispiel einem geringen Selbstwertgefühl und Selbstzweifeln. Dessen ist er sich jedoch nicht bewusst. Es bedarf keiner näheren Erörterung, um zu sehen, dass dieses Tauschgeschäft, das er anstrebt, seine Abhängigkeit untermauert und ihm nicht hilft, seine tieferliegenden Defizite zu überwinden.

Vielleicht können wir die Botschaft der Geschichte so zusammenfassen: Die Basis deines Handelns soll ein aufrichtiges inneres Bedürfnis des Gebens und Helfens sein. Denn diese Art zu schenken geht immer mit einer inneren Bereicherung einher.

LOGISCHE GEDANKEN HABEN KURZE BEINE

Ich habe Sebastian im Schachcafé kennengelernt, wo wir uns immer wieder begegnet sind und miteinander gespielt haben. Im Laufe der Zeit stellten wir fest, dass wir außer Schach viele weitere gemeinsame Hobbys haben. Auch unsere Studienfächer hatten gemeinsame Aspekte. Er, als Mathematiker, half mir bei meinen mathematischen Problemen und ich als Physiker half ihm bei seinen physikalischen Fragen. Unsere Lieblingsbeschäftigung, die wir viel häufiger und mit mehr Hingabe pflegten, waren unsere langen Gespräche über interdisziplinäre Fragen, Philosophie und letztlich über alles zwischen Himmel und Erde.

Als es am Ende seines Studiums darum ging, seinen beruflichen Werdegang zu planen, ging er mit derselben großen Sorgfalt vor, die ich von ihm gewohnt war. Er holte nicht nur Informationen über die Situation auf dem Arbeitsmarkt ein, sondern er suchte auch bewusst Firmen aus, die ihm geeignet schienen. Darüber hinaus sprach er mit vielen Menschen mit einer langen Berufserfahrung und mit Experten über seine beruflichen Vorstellungen. Irgendwann hatte er alle Informationen gesammelt, die er für seine Berufswahl zu benötigen glaubte, und damit bewarb er sich bei zehn Unternehmen. Daraus folgten acht Vorstellungsgespräche und sechs Zusagen. Unter diesen sechs Zusagen schienen ihm zwei Angebote perfekt zu sein und beide gefielen ihm sehr gut. Eine Firma hatte ihren Standort in Wiesbaden und die andere in Frankfurt. Nun brauchte er keine weiteren Informationen – er musste sich nur für eine der beiden entscheiden.

Und genau das fiel ihm sehr schwer. Wie gesagt, weil ihm beide Aufgaben extrem gut gefielen, konnte er es nicht übers Herz bringen, auf eine der beiden zu verzichten. Und dieser Entscheidungskampf zermürbte ihn fast eine Woche lang.

Eines Abends zu später Stunde stand Sebastian vor meiner Tür, ohne dass er vorher angerufen hatte. Er wirkte richtig belastet, ungeduldig und erschöpft. Anstatt einer Begrüßung schoss aus ihm heraus:

„Keiner kennt mich so gut und so lange wie du und du weißt, dass ich mir die Dinge nicht leicht mache. Du weißt, wie genau ich mich informiert habe und dass ich endlich zwei tolle Angebote bekommen habe. Kannst du mir jetzt sagen, warum ich mich nicht einfach entscheiden kann? Frankfurt – oder Wiesbaden?"

„Komm erst einmal rein. Lass uns eine Zigarette rauchen und einen Espresso trinken."

Mit einem „Ja", das eher seine Ungeduld vermittelte als sein Einverständnis, kam er herein und setzte sich mir gegenüber. Kaum hatte er zweimal an der Zigarette gezogen, da fragte er mich wieder:

„Warum kann ich mich nicht entscheiden?"

„Vielleicht weil du dir nur die Tätigkeit als solche angesehen hast und nicht alles drum herum, was auch dazugehört und wichtig ist. Zum Beispiel das Arbeitsklima, die Aufstiegsmöglichkeiten, die Stadt selbst, die Fahrzeit und so weiter."

Überrascht sagte er: „Das stimmt", und fügte mit einem verschmitzten Lächeln hinzu: „Ausnahmsweise hast du recht. Also lass uns das anschauen."

„Wenn schon, denn schon", sagte ich, „dann machen wir das auch richtig."

Ich nahm einen Block und wir erstellten eine Tabelle mit allen Faktoren, die uns relevant erschienen. Die Tabelle enthielt das Gehalt, die Zukunftsperspektive, Aufstiegsmöglichkeiten, das Arbeitsklima, eigene Gestaltungsmöglichkeiten, Weiterbildungsmöglichkeiten, die tägliche Fahrzeit und die Stadt selbst, falls Sebastian einmal dort hinziehen wollte, wo er auch arbeitete. All diese Faktoren stellten wir für beide Angebote gegenüber und bewerteten sie mit einem Plus oder einem Minus. Am Ende hatte Wiesbaden die meisten Pluspunkte.

Aber ich stellte mit Bedauern fest, dass Sebastians Blick auf das Blatt fixiert blieb und dass er nichts sagte. Auf meine Frage, ob er mit dem Ergebnis zufrieden sei, erwiderte er:

„Ja. Aber da stimmt doch was nicht."

„Ich habe auch kein gutes Gefühl dabei. Ich vermute, das liegt daran, dass wir die verschiedenen Aspekte gleichwertig behandelt haben. Aber Fahrzeit ist nicht so bedeutsam wie Aufstiegsmöglichkeiten und deine Gestaltungsmöglichkeiten haben einen ganz anderen Rang als das Flair der Stadt."

„Dann lass uns die Aspekte doch nochmal gewichten."

Wir nahmen eine Skala von eins bis zehn und gaben jedem Faktor eine Note. Die Entfernung bekam eine eins als schlechteste Note, das Gehalt eine acht und die Gestaltungsfreiräume bekamen eine neun. Als wir damit fertig waren, gewann wieder Wiesbaden – aber dieses Mal mit erheblichem Vorsprung.

Da strahlte Sebastian und sagte:

„Das überzeugt mich. Ich werde morgen noch in Wiesbaden zusagen und Frankfurt informieren, dass ich mich für eine andere Stelle entschieden habe."

„Gut so. Dann lass mich morgen Abend wissen, wie die Wiesbadener auf deine Zusage reagiert haben."

Am nächsten Tag wartete ich voller Neugierde auf seinen Anruf – aber es kam nichts. Als er sich auch am übernächsten Tag nicht meldete, rief ich ihn an und fragte ihn direkt:

„Und hat man sich in Wiesbaden über deine Zusage sehr gefreut?"

Ich dachte, ich höre nicht richtig, als er sagte:

„Wieso Wiesbaden? Ich habe doch in Frankfurt zugesagt."

DER TIEGEL DER WEISEN ENTSCHEIDUNGEN

Wir begegnen jemandem und finden ihn spontan sympathisch. Aber diese Sympathie zu ergründen dürfte uns sehr schwerfallen. Oder wir finden ein Gesicht hübsch. Und auf die Frage: „Was macht dieses Gesicht schön?" zählen wir vielleicht große Augen, die glatte Haut und weiße Zähne auf. Aber diese Attribute, die die Beschaffenheit der stofflichen Materie beschreiben, erklären niemals die empfundene Schönheit. Auch wenn man einen warmen Blick als Begründung anführt, kommt man der empfundenen Schönheit nicht näher – denn Wärme ist ein technischer Begriff und kein Schlüssel zum Schatz der Schönheit.

Diese Beispiele verdeutlichen, dass unsere Wahrnehmung, unsere Empfindung und überhaupt alles, was zu unserem Bewusstsein durchdringt, nur ein Hauch dessen ist, was in unserem Unterbewusstsein abläuft. Doch genau diese Erkenntnis blieb uns damals bei unseren emsigen Berechnungen verborgen. Sebastian und ich waren als Naturwissenschaftler daran gewöhnt, geradezu darauf fixiert, die Dinge in ihre Bestandteile zu zerlegen, analytisch zu betrachten und ihren logischen Zusammenhang zu erfassen. Und das taten wir auch in diesem Fall und waren überzeugt, damit das Entscheidende, das zur richtigen Wahl führt, zu erfassen. Doch wie der Verlauf der Geschichte zeigt, ging das Entscheidende offenbar nicht in unser Kalkül ein.

Nun, was hätte Sebastian anders machen sollen? Oder ganz allgemein: Auf was sollen wir bei einer wichtigen Entscheidung achten und wie sollen wir vorgehen? Heißt das etwa: Wir sollen nicht alle relevanten Faktoren in Betracht ziehen, ihr Für und Wider abwägen, weil das, wie wir gesehen haben, nicht die Basis für die ultimative Entscheidung darstellt? Nein, abermals nein. All diese Schritte sind gut und wichtig, sie sind sogar notwendig – aber nicht in jedem Fall ausreichend. Was sollten wir also noch in Betracht ziehen?

Wenn wir alle relevanten Aspekte betrachtet und analysiert haben, verfügen wir über ein wertvolles Material, aus dem sich eine Entscheidung herauskristallisiert, so wie sich bei Sebastian Wiesbaden als die bessere Option darstellte. Aber wie wir auch gesehen haben, war diese Entscheidung nicht das Ende der Reise. Sebastian entschied sich letztlich für das genaue Gegenteil dessen, was die Analyse ergeben hatte.

Ich habe aus dieser Geschichte folgende Erkenntnis gewonnen: Ich werde bei jeder Entscheidung durchaus alle Aspekte berücksichtigen, ihr Für und Wider in Erwägung ziehen, bis ich zu einer Entscheidung komme. Dann, wenn die Entscheidung da ist, werde ich es dabei belassen und nicht unmittelbar danach handeln – sondern mich leer machen, leer von meiner bewussten Entscheidung. So gebe ich meinem Unterbewusstsein nicht nur alle von mir gesammelten Informationen und Fakten, sondern auch den Raum, sie zu integrieren. Vielleicht ist es das, was man im Volksmund „darüber schlafen" nennt. Daraus kann in uns jene Entscheidung reifen, die *von solch vehementer Kraft ist, dass in uns das Gefühl entsteht, es handelt sich um einen Fakt und nicht mehr um etwas, das wir erst entscheiden müssen.*

Genau das war es auch, was Sebastian erlebte und mir später erzählte:

„Am nächsten Tag nach unserem Gespräch habe ich direkt in Frankfurt angerufen und zugesagt. Dabei habe ich weder an unser Gespräch gedacht noch daran, dass ich eine Entscheidung treffen muss. Es war einfach so."

Diese oberste Instanz, die uns letztlich zu einer Entscheidung führt, mag wohl von dem einen als „Bauchgefühl" und von einem anderen als „innere Stimme oder innere Weisheit" bezeichnet werden. Ich nenne sie aber „intuitives Erfassen", weil dieser Ausdruck für mich aktiver klingt. Trotz der immensen Kraft und Wirksamkeit des „intuitiven Erfassens" kommt es aber zu Situationen, in denen das „intuitive Erfassen" übergangen wird. Dies geschieht immer dann, wenn unser Wunsch und unsere Hoffnung oder unsere Angst und Unsicherheit sehr intensiv und stark sind. Starke Emotionen sind immer mit innerer Unruhe verbunden, und in innerer Unruhe kann sich die Botschaft des „intuitiven Erfassens" nicht in uns ausbreiten. Der Weg, diese Unruhe zu vermeiden, ist, wie oben erwähnt, sich leer zu machen. Am Rande bemerkt: Das Ziel der Meditation, die die Quelle der Ruhe und Gelassenheit ist, besteht letztlich im Erreichen des Leerseins – leer von allem, was den Geist beunruhigt.

Die Entschlossenheit, Klarheit und Selbstverständlichkeit, mit der Sebastian sich damals nach einer Nacht der Ruhe für Frankfurt entschieden hat, obwohl er zuvor noch vom Gegenteil überzeugt gewesen war, hat mich berührt. Aus dieser Berührtheit entstand ein bereichernder Leitgedanke, der mir viele Entscheidungsprozesse leichter gemacht hat:

*Wie überzeugt du von einer Sache auch immer sein magst –
nimm dir die Zeit und habe Platz für deine innere Weisheit und
dein intuitives Erfassen.*

*Wenn wir lernen, an Entscheidungssituationen mit diesem Leit-
gedanken heranzugehen, dient das nicht nur der Bewältigung dieser
Situationen, sondern es ist auch ein Konzept, das uns grundsätzlich
aus den Fesseln unserer Gefühle befreit. Das ist der Beginn der Herrschaft eines in sich ruhenden Ich mit einem selbstbestimmten Leben.*

ENTTÄUSCHTE ROSEN

Ein geschäftiger Mann, der seine Frau genauso unpersönlich und unfreundlich behandelte wie seine Sekretärin, saß am Frühstückstisch und war sehr unruhig. In seiner Firma gab es eine Reihe juristischer, finanzieller und personeller Probleme. Er würde heute als Mitverantwortlicher ein paar Entscheidungen treffen müssen, die ihm buchstäblich gegen den Strich gingen. Deshalb war er belastet und schlecht gelaunt, sodass eine ganz normale Handlung seiner Frau ihn noch weiter reizte und er abweisend und grob reagierte. Wütend auf sie verließ er schließlich das Haus, ohne sich von seiner Frau zu verabschieden. Stattdessen knallte er die Tür zu.

Als er abends auf dem Weg nach Hause an einem Blumenladen vorbeifuhr, dachte er: „Meine Frau ist bestimmt sauer. Sie wird von mir eine Erklärung wollen, was los ist. Aber ich habe gar keine Lust, mit ihr zu reden." Deshalb überlegte er und beschloss: „Ich werde meiner Frau ein paar Blumen mitbringen. Dann ist Ruhe."

So kaufte er seiner Frau einen Strauß roter Rosen und setzte seinen Weg nach Hause fort. Unterwegs begannen die Rosen untereinander zu plaudern. Vor allen Dingen waren sie überzeugt, dass sie als rote Rosen die Botschaft der Liebe, Verbundenheit und des Friedens sind. Deshalb freuten sie sich, dass sie die Empfängerin des Straußes bald beglücken würden. Aber eine Rose, die bei näherem Hinschauen etwas weiter aufgegangen war als alle anderen, war weniger euphorisch. Doch die anderen ließen sie nicht zu Wort kommen und so konnten sie nicht erfahren, warum diese Rose anderer Meinung war.

Als der Ehemann zu Hause ankam, wollte er seiner Frau den Rosenstrauß übergeben. Aber sie reagierte abweisend mit den Worten:

„Was sollen diese Blumen? Ich kann mich nicht darüber freuen. Erklär mir erst einmal, was mit dir los ist."

Daraufhin warf der Mann die Rosen in den Abfalleimer und ging wütend in sein Zimmer.

… UND EINE ROSE, DIE NIE ENTTÄUSCHT WIRD

Ich glaube, die Botschaft dieser Geschichte entspricht den Gedanken der Rose, die nicht zu Wort kam. Sie wollte sagen:

„Wir Rosen sind nicht immer die Botschafter der Liebe. Wir werden manchmal dazu benutzt, ein schlechtes Gewissen reinzuwaschen, einen künstlichen Frieden herbeizurufen oder einen unverbindlichen, aber doch guten Eindruck zu machen. Im Grunde sind wir nur die Überbringerinnen dessen, was man in sich trägt. Der Ehemann trug aber keine Liebe im Herzen, keinen Wunsch nach Verbundenheit. Er wollte bloß, dass wir für ihn die Spuren seines unangemessenen und groben Verhaltens beseitigen, damit keine Diskussionen aufkommen und er seine Ruhe hat. So wie er nicht verstanden hat, was seine Frau ihm sagen will, so versteht er auch nicht, was wir Rosen sagen

möchten. Deshalb versteht er auch die Sprache der Rosen nicht und kann nicht wissen, dass Rosen nicht lügen."

Hören wir uns nun den Rest der Geschichte an.

Im Abfalleimer zu landen hatten sich die Rosen nicht einmal in ihren schlimmsten Befürchtungen vorgestellt. Ihre Euphorie und Freude gingen augenblicklich in eine bittere Enttäuschung über. Anstelle von vor Freude zitternden Händen empfangen zu werden mussten sie jetzt mit Abfällen liebäugeln. Dagegen wirkte die etwas weiter aufgegangene Rose, die zuvor die Euphorie der anderen Rosen nicht geteilt hatte, weder belastet noch enttäuscht. Sie verhielt sich also wieder anders als die anderen Rosen.

Dies fiel ihnen natürlich auf und so warfen sie ihr wütend vor:

„Wie kannst du dich damit abfinden, wie Abfall behandelt zu werden? Wie kannst du damit leben, dass du deinen Sinn und Zweck, dein Ziel nicht erreicht hast?"

Sie antwortete äußerst ruhig und überzeugt:

„Ihr seid enttäuscht, weil sich eure Überzeugung nicht bewahrheitet hat. Ihr dachtet, ihr würdet immer Liebe vermitteln. Aber diese Liebe war gar nicht da. Ich aber war überzeugt, dass wir nichts vermitteln können, was nicht da ist – und in der Tat ist genau das eingetreten. Ich wusste, man kann sein Innerstes nicht verbergen. Und dass dieser Mann uns in den Mülleimer geworfen hat, war ein Ausdruck seines Innersten, ein Spiegel seiner Seele."

Die weise Rose wusste: Bevor man auf der Sachebene handelt, ist auf der Gefühlsebene, wo die Herzen zur Sprache kommen, schon längst die Entscheidung gefallen. Und das ist, was beim Gegenüber ankommt. Die Rose wusste: Nicht die ausgesprochenen Worte und gezeigten Gesten, sondern die Absicht hinter dem Sagen und Tun ist entscheidend. Dort liegen nicht nur die Risse, sondern auch das verbindende Element von Beziehungen.

39.

ZARATHUSTRAS TRAUM

Zarathustra schlief und hatte einen seltsamen Traum. In einem großen Gerichtssaal lief eine Verhandlung. Es ging darum, wer die Menschen leiten und ihnen ein Wegweiser sein sollte – der Kopf oder das Herz. Jede Partei hatte eine Schar von Anwälten. Der Kopf wurde vertreten durch den Verstand, die Vernunft, das Kalkül, Argumente und die Sachlage. Und das Herz durch Liebe, Leidenschaft und allerlei Gefühle.

Im Zuschauerraum saßen jede Menge Menschen. Einige hofften auf den Sieg des Kopfes, aber die meisten waren überzeugt, dass das Herz triumphieren würde. Und je nachdem, wer die Oberhand zu gewinnen schien, freuten sich die einen und ärgerten sich die anderen. So herrschte auch unter den Zuschauern ständiger Streit und der Richter hatte seine Mühe, Ruhe in den Saal zu bringen.

Nur einer unter den vielen Zuschauern, ein weiser und lebenserfahrener Mensch, dessen Gedankengänge Zarathustra schon im Traum sehr vertraut waren, hatte keinen Favoriten. Er war zwar sehr traurig, dass solche Verhandlungen überhaupt notwendig sind, doch er wollte erfahren, wie das Herz und der Kopf sich darstellen; im Verlauf der Verhandlung wurde ihm bewusst, warum sich die beiden nicht einigen können.

Zum Beispiel sagte der Kopf:

„Wenn ein Mensch Fehler macht, sollte man auf jeden Fall die Finger von ihm lassen."

Liebe, als Vertreter des Herzens, erwiderte darauf:

„Ein Mensch, der liebt, hat auch Platz für die Fehler des anderen."

Als Liebe ihre Einstellung vertrat: „Ich mache Geschenke, aber keine Geschäfte", versuchte das Kalkül ihre Einstellung zu entkräften: „Es sind aber die Geschäfte, die das Funktionieren des Lebens in Gang halten."

Und so widersprachen sich die beiden Parteien während der ganzen Verhandlung. Manchmal schien die Angst zu überwiegen und manchmal dominierte die Vernunft, mal überzeugte die Einsicht, doch dann wieder verunsicherte der Zweifel. Häufig mahnte die Vorsicht, was Freude mit einem entspannten Lächeln entkräftete.

Der Richter hörte alledem aufmerksam zu und stellte fest, dass beide Parteien gute Argumente vorgebracht hatten, die nicht von der Hand zu weisen waren. Schließlich sagte er, er wolle am nächsten Tag sein Urteil verkünden, ob der Kopf oder das Herz der Wegweiser für die Menschen sein sollte. Der weise Zuschauer war wieder der Einzige, der Verständnis dafür hatte, dass der Richter Bedenkzeit brauchte, um ein überzeugendes Urteil zu finden, das all die Anliegen der beiden Parteien berücksichtigte.

Da wachte Zarathustra auf. Er wünschte sich, er wäre später aufgewacht, um das Urteil und vor allem die Urteilsbegründung des Richters zu vernehmen.

Ich habe gerade meine Brille in der Hand und lese den Namen ihres Herstellers. Ich frage mich aber: Was von der Brille hat dieser Hersteller wirklich selbst hergestellt und wie viele Menschen oder andere Firmen waren letzten Endes daran beteiligt, dass ich jetzt diese Brille in der Hand halte? Zuerst hat ein Designer die Form der Brille entworfen. Das Material des Gestells ist das Werk von Chemikern und Technikern, die Gläser wurden von Optikern bearbeitet, die kleinen Schrauben haben ihren Ursprung in Hochöfen. Und alle Teile haben viele Zwischenetappen durchlaufen, ehe sie zu dieser einen Brille zusammengesetzt wurden. Dann ist die Brille durch die Hände von Transporteuren und von Großhändlern gegangen und so weiter. Und am Ende dieser langen Kette spielte auch ich eine Rolle. Denn mein Geschmack, der Fehler meiner Augenlinsen und meine Finanzen haben letzten Endes mitbestimmt, dass ich mir genau diese Brille ausgesucht habe. Aber wem verdanke ich nun meine Brille?

Diese Betrachtung eines einzigen Objektes soll verdeutlichen, dass immer viele beteiligt sind, bis irgendetwas zustande kommt. Genauso wie mit meiner Brille ist es mit allem, was wir in unserem Leben erreicht haben oder erreichen wollen: Es ist ein Zusammenspiel von vielen Faktoren und einigen Menschen. Beispiele dafür sind unsere Ehe, unser Beruf, unsere Freundschaften und Beziehungen, unser Haus, unsere finanzielle Situation und so weiter. In jedes von ihnen fließen Gedanken, Gefühle, Pläne, Erwägungen, aber auch Hoffnungen, Entschlossenheit und Zweifel. Während in einem Bereich eher das Kalkül, die Vernunft, also der Kopf bestimmt, leiten uns in einem anderen Bereich eher die Gefühle, also das Herz. Und beide versuchen, in der Regel ohne Rücksicht auf den anderen eine Entscheidung herbeizurufen. Dabei handelt es sich aber nicht um einen Kampf unter gleichwertigen Gegnern.

Evolutionär bedingt haben Gefühle mehr Macht als Gedanken, weil sie nicht nur ein schnelleres, sondern auch ein umfassenderes Erfassen der Gesamtzusammenhänge ermöglichen. Und weil wir das Herz als Zuhause der Gefühle empfinden, neigen wir dazu, eher den Botschaften unseres Herzens zu folgen, weil wir glauben, sie seien das Echo unserer Seele und der richtige Weg. Aber die Evolution hat uns auch mit Vernunft, mit der Fähigkeit zu denken und zu reflektieren, ausgestattet. Was ist damit?

Hierzu ein Beispiel. Eine Mutter erfüllt alle, aber auch wirklich alle Wünsche ihres achtjährigen Sohnes und begründet das mit: „Weil ich meinen Sohn liebe." Und dabei legt sie die Hand auf ihr Herz. Aber ihr Herz schlägt nicht ganz im Rhythmus der Liebe, es beherrscht nicht ihren ganzen Wortschatz, weil es die Vernunft nicht zu Wort kommen lässt. Die Folge davon ist: Dieses Kind lernt, dass es selbstverständlich ist, dass alle seine Wünsche in Erfüllung gehen. Und so lernt es nicht, dass es im Leben auch Grenzen gibt. Mit dieser Weltanschauung, die der Junge seiner Mutter verdankt, wird er als Erwachsener von einer Enttäuschung in die nächste rutschen, die Welt und das Leben als bedrohlich wahrnehmen und sich nicht angemessen behaupten können. Die Mutter wusste nicht, dass Liebe auch Nein sagen kann, und wenn es notwendig ist, sogar Nein sagen muss. Deshalb konnte sie ein notwendiges Nein, die Botschaft ihrer Vernunft, nicht mit ihrer Mutterliebe vereinbaren und somit nicht zulassen. Grundsätzlich ist davon auszugehen, dass auch die Neigung, mit Enttäuschung, Bitterkeit und gebrochenem Herzen auf Schicksalsschläge zu reagieren, ihre Quelle darin hat, dass Vernunft und Realität den Botschaften des Herzens unterliegen.

Aber auch ein Mensch, der zu dem Gegenteil neigt und nur nach seinen Gedanken, seinem Kalkül, seiner Vernunft, also nach seinem Kopf handelt, verpasst einen wesentlichen Teil der Realität, der eine Sache des Gefühls und des Herzens ist.

Ich glaube, wenn Zarathustra der Richter wäre, fiele sein Urteil so aus:

„Wer soll siegen, Kopf oder Herz? Keiner; sie sollen sich einigen."

40.
ALS DIE ENGEL SICH BEI GOTT BESCHWERTEN

Am Abend des letzten Tages der Schöpfung lehnte sich der große Architekt zurück, betrachtete sein letztes Werk und fand Gefallen daran. Sodann rief er die Engel zu sich und sagte:

„Schaut euch mein letztes Werk an. Es soll Mensch heißen und er ist die Krönung meiner Schöpfung. Ihr sollt ihn achten und ihm in Ehrfurcht begegnen, denn ich habe ihn nach meinem Abbild geschaffen. Ich habe ihm Gaben vermittelt und er hat Fähigkeiten, die weit über das hinausgehen, womit ich euch beschenkt habe. Ihr sollt wissen: Der Mensch steht mir näher als ihr."

Die Engel waren tief betroffen, dass ein Wesen, das aus Fleisch und Blut besteht, einen höheren Rang haben sollte als sie. Ein neues Gefühl, das die Engel bis dahin noch nicht kannten, überfiel sie. Sie empfanden etwas Erdrückendes, etwas Bitteres, etwas, das sie aus ihrem paradiesischen Dasein nicht kannten und wofür sie keinen passenden Namen hatten. Widerwillig warfen sie einen kurzen Blick in die Hölle, um den Teufel, von dem sie wussten, dass er sich in dieser Materie gut auskennt, nach dem Namen des neuen Gefühls zu fragen. Er antwortete mit einem triumphalen Gelächter:

„Ihr seid von der Plage der Eifersucht und des Neides befallen."

Betroffen von dieser Erkenntnis zogen sich die Engel Aberjahrtausende voller Schmerz, Scham und Neid an den Rand des Paradieses zurück. Als der Schmerz unerträglich wurde, beschlossen sie, einen großen Rat abzuhalten. Das Thema war, warum Gott ihnen diese Erniedrigung antat und ob sie ihm ihr Leid klagen sollten. Sie stellten jedoch fest, dass jede Klage eine Kritik an Gott wäre und ihn in Frage stellen würde, und das wollten sie nicht wagen.

Doch ein Engel hatte eine Idee und sagte:

„Wir wollen ja nicht Gott kritisieren; wir wollen nur, dass der Mensch nicht höher steht als wir. Deshalb sollten wir schauen, ob nicht hinter all den Sünden, die die Menschen begehen, vielleicht doch etwas schlummert, das nicht dem Willen Gottes entspricht. Sollten wir so etwas finden, würde es bedeuten, dass der Mensch nicht ein Ebenbild Gottes sein kann und deshalb nicht vollkommen ist. Er würde herabfallen und nicht mehr zwischen uns und Gott stehen."

So suchten die Engel emsig und lange und fanden doch, dass jede Sünde, die der Mensch begeht, letztlich auf einer Fähigkeit basiert, die Gott ihm gegeben hatte. So gesehen mussten sie sich zu ihrem großen Bedauern eingestehen, dass der Mensch vollkommen ist.

Da sagte ein pfiffiger Engel:

„Diese Überlegung trifft nicht ganz zu. Schaut euch doch mal den Mund des Menschen an, die giftigen Worte, die er hervorbringt. Er ist so oft die Quelle des größten Unheils. Schaut euch die Zunge des Menschen an. Die unsichtbaren Wunden, die sie ins Herz einbrennt, sind tausendmal tödlicher als sichtbare Wunden, die Dolche und Pfeile im Fleisch hinterlassen."

Doch es gab einen Engel, der die Menschen sehr gut kannte, weil er des Öfteren im Auftrag Gottes diesem oder jenem dabei helfen sollte, sein Kreuz leichter zu tragen. Er äußerte protestierend:

„Du irrst. Der Mund ist auch die Quelle heilender Worte – Worte, die Trost spenden, die den richtigen Weg weisen. Und vor allem: Wie sollten Propheten ohne Worte den Menschen verkünden, dass es Gott gibt? Nicht umsonst heißt es: Am Anfang war das Wort."

Da nickten die Engel zwar zustimmend, aber verzweifelt fragten sie:

„Gibt es denn wirklich keine Sünde, gar keine Sünde, die den Menschen herabsetzt?"

„Doch", antwortete der Engel, der die Menschen gut kannte, „es gibt etwas Unvollkommenes am Menschen. Das ist seine Hand. Gewiss, vieles, was der Mensch erreicht hat, verdankt er seiner Hand. Aber auch viel Unheil, Schmerz, Schaden und Zerstörung, die ein Mensch anderen Menschen zufügt, gehen von seiner Hand aus. Indem er mit seinem Zeigefinger auf andere zeigt, überträgt er seine innere Last auf deren Schultern. Er gibt ihnen die Schuld und macht sie für all den Schaden, den Schmerz und die Zerstörung, die es gibt, verantwortlich. Und indem der Mensch andere für alles Übel verantwortlich macht, maßt er sich das Recht an, sie zu bekämpfen. Ihr seht: Die Hand, der Zeigefinger ist das Unvollkommene an dem Menschen, und das könnten wir Gott nahelegen."

Die Argumente dieses Engels gingen allen unter die Haut und überzeugten sie. So gingen sie gemeinsam zu Gott und eröffneten ihm ihr Anliegen.

Gott hörte ihren Ausführungen aufmerksam zu. Dann sagte er mit einem sanften Lächeln:

„Ihr macht gerade selbst das, was ihr dem Menschen vorwerft. Ihr zeigt auf die Unvollkommenheit der Hand, auf meine Schöpfung und damit letzten Endes auf mich, und dadurch übersehet ihr eure eigene Unvollkommenheit. So wie die Menschen dazu neigen, neigt auch ihr dazu, eurem Zeigefinger zu folgen, mit seinen Worten zu reden und mit seinen Gedanken zu denken.

Aber schaut: Auch die Hand ist vollkommen. Ich habe sie so geschaffen, dass sie dem Menschen als Quelle der Weisheit dient. Er soll immer die Möglichkeit haben zu erkennen: Wenn er mit einem Finger auf andere zeigt, zeigt er gleichzeitig mit drei Fingern auf sich selbst. Auf diese drei Finger zu schauen ist der Beginn der Selbsterkenntnis. Und darin liegt die Freiheit, die ich den Menschen geschenkt habe, und das macht die Erhabenheit des Menschen aus.

Die Fähigkeit zur freien Entscheidung und die Gabe der Selbsterkenntnis sind das, was den Menschen zur Krone der Schöpfung macht. Und die Quelle des Erkennens ist die Hand des Menschen, die Freiheit, seinem Zeigefinger oder seinen anderen Fingern, die auf ihn selbst zeigen, zu folgen."

DIE WEISHEIT DER HAND

Die Engel haben sich nicht gefragt, warum sie darunter leiden, dass der Mensch einen höheren Rang hat als sie. Sie haben nicht versucht zu verstehen, was der Sinn ihrer Schmerzen ist und was ihr Leid ihnen sagen will. Aber gerade diese Fragen wären der einzige Weg gewesen, sich von ihrem Schmerz und ihrem Leid zu befreien. Deshalb hat Gott das zu den Engeln gesagt, was die Geschichte auch uns sagen will: „Wenn ein Mensch mit seinem Zeigefinger auf jemanden zeigt, zeigt er mit drei Fingern auf sich selbst."

Und darin schlummert eine tiefe Weisheit. Die Bedeutung dieser Weisheit liegt nicht nur in ihrer ethischen Tiefe, sondern auch in ihrem pragmatischen Nutzen und ihrem unmittelbaren Bezug zu dem, womit die Menschen sich ihr Leben schwermachen. Folgende Beispiele sollen verdeutlichen, wie sich der Zeigefinger durch Gefühle und Gedanken zum Ausdruck bringt:

„Wenn du damals keine Affäre gehabt hättest, würde ich heute nicht an der Flasche hängen und wäre kein Alkoholiker geworden."

„Meinem pedantischen, egoistischen und karriereorientierten Chef verdanke ich meine Herzprobleme."

„Wenn meine Eltern sich nicht ewig bekriegen würden, hätte ich heute weniger Angst vor Konflikten."

„Etwas breitere Schultern und ein paar Zentimeter größer, dann wäre ich attraktiver und dann hätte ich auch eine richtige Frau und wäre glücklich."

„Nur Frühling und Sommer sind Zeiten, in denen ich lebe und glücklich bin, denn Herbst und Winter machen mich depressiv."

So verschieden diese Beispiele auch sind, eines haben sie alle gemeinsam: Wir zeigen auf etwas. Wir machen andere Menschen, Situationen und Gegebenheiten, also etwas, das außerhalb von uns liegt, verantwortlich für unsere schlechten Gefühle und Gedanken, Misserfolge und unsere Unzufriedenheit. Dadurch geben wir unsere Verantwortung ab. Die Einstellung, die inneren emotionalen und gedanklichen Prozesse, die darauffolgen, lauten: „Ich habe die Sache nicht in der Hand. Ich kann die Situation nicht ändern und den Prozess nicht beeinflussen!" So begibt man sich in das einengende Gefängnis der Passivität, mit der Konsequenz, dass man erwartet, dass die Menschen anders handeln, als sie es tun, und dass die Dinge anders werden, als sie sind.

Aber wie sollen Herbst und Winter anders werden? Und wenn jemand diese zwei Jahreszeiten für die Schatten auf seiner Seele verantwortlich macht, übersieht er, dass er selbst die Schatten auf seine Seele wirft.

Mit der Überzeugung: „Die Affäre meiner Frau hat mich zum Alkoholiker gemacht" braucht dieser Mensch nicht tiefer in sich hineinzuschauen. Er muss sich nicht eingestehen, dass Alkoholismus eine Flucht, ein Symptom und nicht die Ursache seines Problems ist.

Auch unsere Eltern sind keine Götter. Sie sind Menschen mit dem ganzen Spektrum menschlicher Stärken und Schwächen. Sie haben uns das gegeben, was sie uns geben konnten. Aber irgendwann einmal müssen wir lernen, uns selbst das zu geben, was wir von unseren Eltern nicht bekommen haben, doch wirklich brauchen.

Bei einer bestimmten Beziehung des Mitarbeiters zu seinem Chef entsteht die Überzeugung: „Meinem Chef verdanke ich meine Herzprobleme." Und dadurch übergeht dieser Mitarbeiter es, seinen eigenen wunden Punkt, der durch seinen Chef nur berührt wird, zu entdecken und zu heilen.

Manchmal zeigen wir sogar auf uns selbst, aber nicht auf unseren wahren Kern, sondern auf etwas Äußerliches, Sachliches. Breite Schultern und hochgewachsen zu sein sind keine Bestandteile der Persönlichkeit, sie machen nicht den Menschen aus. Der gleiche Gedankengang läuft auch dann ab, wenn man sich nicht durch sein Äußeres in Frage stellt, sondern durch seine Eigenarten wie Schüchternheit und Unbeholfenheit. Beide Einstellungen haben eines gemeinsam: Man nimmt sich nicht so, wie man ist, und dadurch macht man sich unglücklich.

Das eine oder andere Beispiel dürfte jedem von uns vertraut sein. Doch die Neigung, mit den Augen unserem Zeigefinger zu folgen und mit dem Mund unsere Vorwürfe auszusprechen, steckt in jedem von uns. Aber warum ist diese Neigung oft so viel stärker als die Bereitschaft, auf die anderen drei Finger zu schauen? Weil es einfacher ist. Die Einfachheit liegt in der Schuldzuweisung; doch Schuldzuweisungen funktionieren wie ein Schmerzmittel: Es bringt eine schnelle Linderung, aber heilt nicht die Wunde, von der die Schmerzen kommen. Das Fatale liegt darin: Je mehr wir durch

Schuldzuweisungen die Situation zu klären versuchen, umso mehr entfernen wir uns von uns selbst und berauben uns der Weisheit der anderen drei Finger.

Aber was wollen uns diese drei anderen Finger eigentlich sagen? Der Kern ihrer Botschaft ist immer derselbe, also von Menschen, Situationen und Gegebenheiten völlig unabhängig. Aber je nach Situation wählen sie unterschiedliche Worte und zeigen auf verschiedene Aspekte:

„Jeder Vorwurf an andere ist eine Last auf den eigenen Schultern."

„Kein Mensch ist auf die Welt gekommen mit der Pflicht und der Verantwortung, dich glücklich zu machen."

„Äußere Hindernisse sind temporär. Was wirklich hindert ist die innere Mauer."

„Wenn wir uns nehmen, wie wir sind, können wir die anderen lassen, wie sie sind."

Diese Botschaften können wir wie folgt zusammenfassen: Grundsätzlich hat man bei jeder Situation drei Möglichkeiten, um damit so umzugehen, dass man glücklich leben kann. Die erste Möglichkeit ist: Alles zu lieben, was geschieht. Aber das gelingt uns nicht immer. Dann können wir von der zweiten Möglichkeit Gebrauch machen: Wir werden auch dann glücklich sein, wenn wir alles ändern, was wir nicht lieben können. Realistisch betrachtet ist dies auch nicht immer möglich, denn wir haben es nicht immer in der Hand, die Dinge zu ändern, die wir nicht lieben. Wie gut, dass wir noch die dritte Möglichkeit haben: Wenn wir die Dinge weder lieben noch ändern können, dann haben wir die alles umfassende, befreiende und aufbauende Möglichkeit, sie zu akzeptieren. Es gibt also drei Möglichkeiten, glücklich zu werden: lieben, ändern oder akzeptieren. Jede einzelne von ihnen ist ausreichend für ein erfülltes Leben. Aber wenn man keine von ihnen befolgt, dann kommt der fünfte Finger zur Geltung: der dicke Daumen der Resignation.

Während das Befolgen des Zeigefingers zu Abhängigkeit, Angst, Schmerz, Ohnmacht und Depressionen führt, wollen uns die drei anderen Finger auf unser inneres Potenzial, unsere grundsätzliche Möglichkeit und Fähigkeit zu gestalten und selbst zu bestimmen, auf unser Geburtsrecht, glücklich zu sein, aufmerksam machen. Sie wollen uns aufrütteln und sagen: Unsere Unabhängigkeit, unsere Freiheit und Gelassenheit sind nicht vom Schicksal zu erwartende Geschenke, sondern sie sind unsere Geschöpfe, die geboren werden wollen. Und dies liegt in unserer Hand.

41.
DIE FLUT DER HUNDERT ÄNGSTE

Ein junger ehrgeiziger Manager mit zwei akademischen Abschlüssen, der im Verhältnis zu seinem Alter eine hohe Position hatte, litt zunehmend unter Schlafstörungen, Konzentrationsschwäche, Albträumen und einer Neigung zu Panikattacken. Allerdings lehnte er eine Behandlung durch Psychologen ab, weil er die Psychologie nicht für eine exakte Wissenschaft und Psychologen nicht für seriös hielt. Von einem Freund erfuhr er aber, dass es einen Atomphysiker gebe, der zusätzlich Psychologie studiert habe und als Psychotherapeut arbeite. Diese Kombination überzeugte ihn und so suchte er meine Praxis für eine Therapie auf.

Schon bei der ersten Sitzung, nach einer von ihm sehr kurz gehaltenen Begrüßung, sagte er, und dabei wirkte er sehr entschlossen:

„Damit wir schneller und effizienter vorankommen, habe ich alle meine Ängste knapp zusammengefasst und mitgebracht."

Dann legte er mir zwei DiN-A4-Blätter auf den Tisch. Sie enthielten neunundvierzig durchnummerierte Zeilen und jede Zeile enthielt eine seiner Ängste.

Während ich auf die Blätter schaute, las er mir eine Zeile nach der anderen vor und fragte schließlich eher fordernd als neugierig:

„Und was machen wir jetzt mit dieser Unmenge von Ängsten?"

Ich sah ihn ein Weilchen schweigend und freundlich an, und während ich auf seine Blätter zeigte, antwortete ich:

„Ich sehe da nicht eine Unmenge von Ängsten, sondern nur eine einzige Illusion und einen Protest: Die Illusion, dass das Leben, das Schicksal und die Realität so laufen sollen, wie Sie es wollen. Und Ihr Protest, weil sie das nicht tun."

DIE MÄCHTIGE OHNMACHT DES INNEREN KINDES

Schauen wir uns zunächst ein paar der Ängste an, die auf dem Blatt meines Gesprächspartners standen und die in ihrer Auswirkung alle anderen Ängste repräsentierten:

Ich habe Angst, der üblichen Karriereleiter in meiner Branche nicht gewachsen zu sein.

Ich habe Angst, meine Eltern zu verlieren.

Ich habe Angst, nicht mehr die Nummer eins zu sein.

Ich habe Angst vor der ungewissen Zukunft.

Ich habe Angst, dass die Beziehung zu meiner Freundin nicht harmonisch verläuft.

Die zeitliche Bühne, auf der all diese Ängste agieren, ist die Zukunft. Es geht also um Ereignisse, die entweder unweigerlich geschehen werden, weil sie zur Realität gehören, oder die zumindest geschehen können. Gedanken an solche Ereignisse mit gewissen Ängsten, die daraus folgen, sind uns wohl allen aus eigener Erfahrung vertraut. Auf welchen Zeithorizont müssten wir also unsere Gedanken und Pläne ausrichten, um diese Ängste zu entmachten? Je mehr sich unsere Gedanken und Pläne am Augenblick orientieren, umso mehr können wir in unseren privaten und beruflichen Aktivitäten mit

Freude aufgehen. Das heißt, wenn sich das Leben in der Gegenwart und nicht in Gedanken an die Zukunft vollzieht, wird den Ängsten, die zukunftsorientiert sind, die Basis entzogen.

Wir machen von der Weisheit der deutschen Sprache Gebrauch. Das Wort „Zu-kunft" weist auf etwas hin, das auf uns zukommt. Und das ist eine unendliche Flut von Ereignissen und Veränderungen in allen Lebensbereichen in und um uns herum, die wir nie fassen, beherrschen, nicht einmal überblicken können. Der Drang, für alle Eventualitäten trotzdem gewappnet zu sein, sich gegen alles Kommende abzusichern, heißt: die Zukunft beherrschen, kontrollieren zu wollen. Und das ist unmöglich. Das ausgeprägte Verlangen nach Sicherheit und der Zwang, alles unter Kontrolle zu halten, sind der Ursprung aller Ängste, also auch der Zukunftsangst.

Menschen, die von solchen Ängsten begleitet werden, finden den ersten Schritt der Befreiung, wenn sie lernen, „die Zukunft in Ruhe zu lassen". Was wir jedoch bewusst wahrnehmen, ist nicht unser Streben nach Kontrolle und Beherrschung der Zukunft, sondern unsere unmittelbar erlebte Angst. Wie erwähnt, hängen Angst und Kontrolle eng zusammen. Wie entstehen sie aber überhaupt? Und wie kann man ihnen begegnen und sie überwinden?

Die Geschichte unserer Angst ist die Geschichte unserer Kindheit und unserer Anpassung. Sie erzählt, welche Denkmuster wir als Kind erworben haben und warum. Wenn man nicht genug Urvertrauen erlebt hat, kann man nicht ausreichend Selbstvertrauen entwickeln. Urvertrauen entsteht durch Liebe und das uneingeschränkte Ja der Eltern. Wenn das nicht ausreichend erlebt wird, entstehen ein Gefühl der Ohnmacht und ein Durst nach diesem Ja. Im Zuge des Erwachsenwerdens richten sich die Ohnmacht des Kindes und der kindliche Durst nach Liebe und diesem uneingeschränkten Ja entweder nach außen oder nach innen. Das heißt, es entsteht entweder der Drang nach Geltungssucht, Anerkennung, Erfolg, Sicherheit oder man neigt zur Flucht nach innen, in Lethargie und Resignation. Die unheilvolle

Metamorphose, die sich hier vollzieht, besteht im Übergang des kindlichen Durstes in die Angst des Erwachsenen.

Hier stellt sich die Frage, ob eine nach außen gerichtete Kompensation, also das Streben nach Höchstleistungen trotz eines inneren Ohnmachtsgefühls und ausgeprägter Ängste nicht einen Widerspruch in sich birgt. Doch das Streben nach Leistung trotz Ängstlichkeit ist im Grunde nichts anderes als der Versuch des ohnmächtigen Kindes, seinen Durst nach Urvertrauen durch Erfolg zu löschen. Denn das ohnmächtige Kind heult nicht nur, es ist auch trotzig. Und die Trotzreaktion des Kindes hat ihre erwachsene Form in der Einstellung: „Ich will die Nummer eins sein. Ich werde es dem Schicksal zeigen. Keine Karriereleiter ist mir zu steil. Und auch in meinen privaten Beziehungen werde ich nicht gefügig sein."

Welche Erkenntnisse können wir aus diesen Ausführungen gewinnen? Eine Erkenntnis ist die bittere, aber heilsame Wahrheit, dass der Durst des Kindes nicht löschbar ist. Dennoch machen wir als Erwachsene alles, um diesen Durst zu löschen. Doch diese Handlungen sind wie salziges Wasser: Je mehr wir davon trinken, umso durstiger werden wir – ohne dass es uns bewusst wird. Da es unmöglich ist, den Durst des Kindes zu löschen, bleibt uns nur ein Weg: Von dem Kind selbst und damit automatisch auch von seinem Durst und seiner Angst Abschied zu nehmen. Das ist die zweite Erkenntnis.

Konkret heißt das, uns bei dieser oder jener Angst, bei diesem oder jenem Bedürfnis bewusst zu machen, wie viel davon das Verlangen des inneren Kindes ist. Und dann können wir uns fragen, was der Erwachsene in uns sagen, wie er entscheiden und was er machen würde.

Es scheint, dass die Weisheit in der Unterscheidung zwischen den Bedürfnissen, Gedanken und Äußerungen des inneren Kindes und den Urteilen und Entscheidungen des Erwachsenen in uns liegt. Wenn wir bei der Gestaltung jeder Situation vom „Ich" Gebrauch machen, geht diese entscheidende Differenzierung verloren und die

Angst des Kindes hindert den Erwachsenen an seinen realistischen und besonnenen Handlungen. Denn wenn man „Ich" sagt, spricht man automatisch mit den Gefühlen und Überzeugungen des unbeholfenen und durstigen Kindes. Als du lerntest, „Ich" zu sagen, hast du Durst und Angst mitgelernt und jedes Mal, wenn du „Ich" gesagt hast, waren Durst und Angst dabei. So ist aus ihnen eine Routine und eine Einheit geworden. Demzufolge ist es hilfreich zu lernen, in Gedanken das Wort „Ich" zu vermeiden.

Dazu ein Beispiel: Wenn man sich bei der Einstellung „Ich habe Angst, meine Eltern zu verlieren" bewusst macht: Das ist das Kind in mir, das Angst hat, dann hat man die Wahl, sich zu fragen: „Was würde der Erwachsene in mir denken und wie würde er damit umgehen?" Der reife und realistische Erwachsene weiß: „Es ist der Lauf des Lebens. Ich werde meine Eltern verlieren. Es ist zwar traurig, aber unvermeidbar. Du musst und du wirst es akzeptieren und dein Leben weiterleben."

Sollte „der Erwachsene" in diesem Augenblick von dem, was er sagt, nicht überzeugt sein, sollte man nicht den Fehler begehen zu denken: „So funktioniert das nicht; ich kann damit nichts anfangen." Der Fehler, der sich hier unbewusst eingeschlichen hat, liegt darin, dass man schon wieder „Ich" gesagt und vergessen hat, dass es das „innere Kind" ist, das nicht glaubt, es zu schaffen. Diesen Fehler zu begehen ist normal und natürlich, weil es unsere Routine ist, und Routinen laufen selbstständig ab, ohne dass wir sie bemerken. Aber in dem Moment, in dem wir uns bewusst machen, dass es das innere Kind ist, das so denkt, haben wir diese Routine bemerkt. Und das bewusste Wahrnehmen der Routine ist der erste Schritt, um ihr die Basis zu entziehen.

Je häufiger man seine Routine als solche entdeckt, umso erfolgreicher kann man sie überwinden. Mit den uns nun vertrauten Begriffen: Je häufiger du dein inneres Kind wahrnimmst, umso mehr wird dein reifer, starker und realistischer Erwachsener dein Leben bestimmen.

42.

LIEBESBOTSCHAFTEN AUS OKZIDENT UND ORIENT

In einer Schule der Sufis im fernen Orient wollte ein Schüler nach seinen weiten Reisen in den Okzident von dem Besten, was er von dort mitgenommen hatte, berichten. Und so verkündete er voller Stolz und Freude die Botschaft Jesu:

„Liebe deinen Nächsten wie dich selbst."

Dann fragte er den großen Sufi erwartungsvoll:

„Was sagst du dazu?"

Seine Antwort war:

„Ich sage euch, ihr liebt euren Nächsten, wie ihr euch selbst liebt. Nun frage sich jeder, wie sehr er sich liebt."

JESU BOTSCHAFT UND DAS MENSCHLICHE WESEN

Während die Botschaft von Jesus eine Empfehlung ist und für sehr religiöse Menschen gar eine Pflicht darstellt, beschreibt der Gedanke des Sufi eine Wahrheit, eine Tatsache. Denn „Du liebst deinen Nächsten wie dich selbst" ist die unumgängliche Folge dessen, wie der Mensch sich selbst und die Welt sieht und wie er fühlt, denkt und handelt. Die umfassende Verallgemeinerung dieses Gedankens

197

lautet: *Unser Selbstbild ist der Schöpfer unseres Weltbildes.* Die Farben und Striche, aus denen wir Bilder von anderen machen, entstammen aus dem Farbkasten unserer Erfahrung, unseres Wertesystems, unserer Einstellung, unserer Urteile, Ängste und Bedürfnisse und so weiter.

Unser Leben vollzieht sich im permanenten Austausch mit anderen Menschen, die ihren Wünschen, Bedürfnissen und Interessen mehr oder weniger vehement nachgehen. Das Gleiche tun wir aber auch. Deshalb sind Reibungen, Konflikte und Kämpfe nicht immer vermeidbar. So sollte Jesu Botschaft „Liebe deinen Nächsten!" mehr Harmonie und Frieden in den ewigen Streit der Menschen bringen. Wenn man sich aber bewusst macht, wie viele Disharmonien nach wie vor in zwischenmenschlichen Beziehungen existieren, wie viele Kriege gerade auch im Namen Gottes geführt wurden und werden, sieht man, dass Jesu Botschaft „Liebe deinen Nächsten!" in Konkurrenz steht zu dem menschlichen Wesenszug der destruktiven Selbstbehauptung und des Existenzkampfes.

Der Sufi wusste jedoch um die Unzulänglichkeiten der menschlichen Seele. Deshalb geben seine Gedanken auch keine Ratschläge, die dem menschlichen Wesen widersprechen, sondern decken die Ursache dieser mangelnden Harmonie zwischen den Menschen auf. Und damit zeigt er auch gleichzeitig, was zu machen wäre.

Trotz der unterschiedlichen Betonung der beiden Botschaften „Liebe deinen Nächsten wie dich selbst" und „Du liebst deinen Nächsten wie dich selbst" – eines haben sie gemeinsam: Sie wollen uns Liebe und Lieben näherbringen. Hierzu einige Gedanken, wie wir diesen Weg auch beschreiten können.

Bei dem Ausbruch einer Epidemie werden einige Menschen überhaupt nicht krank, einige bekommen nur leichte Beschwerden, einige müssen stationär behandelt werden und einige sterben. Was macht diese Unterschiede aus? Je stärker das körperliche Immunsystem, umso größer die Abwehr und der Widerstand gegen die äußeren

Erreger. Was das Immunsystem für den Körper leistet, das leistet ein Ja zu sich selbst, also die Selbstliebe, für die Seele. Wie auch einige andere Geschichten uns vermitteln wollen, heißt Selbstliebe nichts anderes, als sich uneingeschränkt anzunehmen. Je mehr ein Mensch sich selbst bejaht und zu sich steht, wie er ist, umso behüteter und beschützter ist er trotz zerstörerischer Angriffe, böser Absichten, negativer Impulse und Schicksalsschlägen.

Selbstliebe ist keinesfalls mit einem unreflektierten Egoismus zu verwechseln. Während Selbstliebe die Liebe zu anderen überhaupt ermöglicht, zielt Egoismus nur auf den eigenen Vorteil ab, was auf die Dauer mit Belastungen für einen selbst einhergeht.

Selbstliebe schließt Selbstzweifel aus; man nimmt die Dinge nie persönlich. Deshalb kann man dem Schicksal mit tiefster Überzeugung im Herzen mit den Gedanken begegnen: Liebes Schicksal, ich danke dir für deine wärmenden Umarmungen und Geschenke und habe auch Platz für deine Abweisungen und Schläge.

Was der weise Sufi uns sagen will, ist: Wenn in uns Frieden herrscht, erleben wir die Welt und die anderen als friedlich. Willst du liebevolle Beziehungen haben und leichtfüßig und mit einem Lächeln auf den Lippen durch das Leben wandern, dann lerne, dich selbst zu lieben.

43.

DIE GETEILTE ERNTE

Mein Großvater zeigte mir eines Tages eine Orangenplantage am Kaspischen Meer, die ein gemeinsamer Besitz von ihm und seinen Freunden war. Auf meine Frage: „Wie teilt ihr all diese Orangen unter euch auf?" antwortete er: „Je nachdem." Und er erzählte mir die folgende Geschichte.

Zwei befreundete Bauern, ein jüngerer und ein älterer, hatten Felder, die ihnen gemeinsam gehörten. Als die Zeit der Ernte kam, legten sie den gesamten Ertrag auf einen großen Haufen und teilten ihn dann in zwei gleich große Teile. Da es schon spät am Abend war, beschlossen sie, die Ernte erst am nächsten Tag zum Transport in Säcke zu packen. Jeder kennzeichnete seinen Haufen, indem er seine Mütze darauf legte.

Doch in der Nacht konnte der ältere Bauer nicht wie gewohnt gleich einschlafen. Er dachte:

„Ich habe schon eine Frau und Kinder und auch ein Haus und kann mein Leben gut bestreiten. Aber mein Partner hat all das noch vor sich. Er muss noch ein Haus bauen, heiraten und Kinder bekommen. Deshalb braucht er viel mehr Geld als ich. Es wäre unfair, wenn wir die Ernte in gleiche Teile teilen würden."

So stand er auf, ging auf das Feld und legte von seinem Anteil eine beachtliche Menge auf den Haufen seines Partners. Dann ging er wieder zu Bett.

Der junge Bauer hatte auch keine ruhige Nacht, denn er dachte:

„Ich lebe alleine und werde mit meinem Erlös aus der Ernte mehr als gut zurechtkommen. Aber mein Partner hat Frau und Kinder. Er hat viel höhere Ausgaben als ich. Es ist ungerecht, wenn ich genauso viel von der Ernte nehme wie er."

Also ging auch er nachts auf das Feld, nahm einen Teil von seinem Haufen und legte ihn auf den seines Partners.

Als am nächsten Tag jeder seinen Anteil in die Säcke packte, stellten sie fest, dass jeder die gleiche Anzahl Säcke hatte. Der ältere Bauer, der seinen Partner gut kannte und wusste, wie liebevoll, fürsorglich und großzügig er war, ahnte sofort, was passiert war. Der jüngere aber konnte sich das nicht erklären und sagte überrascht:

„Da stimmt etwas nicht!"

Der ältere umarmte ihn und erwiderte mit einem warmen Lächeln:

„Alles stimmt und ich bin sehr glücklich, einen Menschen wie dich als Freund und Partner zu haben."

Liebe hat keinen Leib, aber ein unermesslich großes Gewicht und sie hinterlässt tiefe Spuren durch ihre Taten. Wenn man etwas aus Liebe und mit bester Absicht tut, muss das jedoch nicht zwangsläufig zu dem gewünschten Ergebnis führen. Das Ergebnis kann sich sogar als etwas völlig Ungewolltes erweisen. Dennoch hinterlassen gute Taten Spuren, die den Weg für weitere gute Taten freilegen. Sie machen aus dem steinigen Feld der Beziehungen einen fruchtbaren Boden, in dem die Samen der guten Absichten und wohlwollenden Gedanken zu mächtigen Bäumen der Freundschaft und Verbundenheit mit prächtigen Blüten der Liebe heranwachsen.

Die nächtlichen Handlungen der beiden befreundeten Bauern, ihr Hin- und Herschieben der Ernte, hat keinem von ihnen mehr gebracht, als er schon hatte, aber ihr guter Wille hat sie einander nähergebracht. Nicht was sachlich erreicht wird ist immer das Maß, sondern Empathie, Fürsorge, für andere da zu sein, freiwillig die Verantwortung zu übernehmen, aber nicht als Pflicht, sondern als Geschenk. Was das Herz begehrt, was Liebe bewegen will, ist das Bindeglied in zwischenmenschlichen Beziehungen.

44.

RUNDLING, DER FRÖHLICHE WASSERTROPFEN

Es war einmal ein kleines, lustiges und neugieriges Wassertröpf-chen namens Rundling, das in einem schmalen, flachen Bach so seine Spiele trieb. Mal stieg er auf die winzigen Wellen, so hoch er konnte, und schaute in die Ferne. Mal tauchte er tief und besuchte die Kiesel im Flussbett.

Direkt hinter einer Bachverengung lebte ein Wasserfall, über den das Wasser des Baches eine Handbreit nach unten fiel. Schon von weitem hörte Rundling das Klagen des kleinen Wasserfalls:

„Ich habe keine Freunde, keine Verbündeten; nichts, was zu mir kommt, bleibt. Alles fließt an mir vorbei."

Als er an dem Wasserfall ankam, sagte er fast flehend zu Rund-ling:

„Vielleicht kannst du ein Weilchen bei mir bleiben, damit ich wenigstens einen habe, der immer an mich denkt?"

Das alles berührte Rundling und er schloss den Wasserfall gleich in sein Herz. Doch noch ehe er ihm dies sagen konnte, floss er auch schon über ihn und wurde davongetrieben. Da überlegte er, wie er dem traurigen Wasserfall vermitteln könn-te, dass er ihn nie vergessen werde, weil er ihn bereits in sein Herz geschlossen habe, und dass er nie wieder traurig zu sein brauche, da er nun jemanden habe, der immer an ihn denke. Während er in seine Gedanken versunken war, trug er der Bach weiter und weiter.

Bald vereinigte sich der Bach immer wieder mit anderen Bächen. Zusammen wuchsen sie zu einem breiten und tiefen Fluss heran, der mächtig und schnell dahinfloss, vorbei an Auen und Wäldern, vorbei an Dörfern und Städten. Rundling sah das emsige Bemühen der Menschen um ihre Geschäfte, hörte den Lärm ihres Treibens und schnupperte den Geruch des Lebens in seinen vielfältigen und gänzlich neuen Facetten. Er genoss all diese aufregenden Ereignisse und war neugierig zu erfahren, wohin der Fluss er führen würde. Aber er vergaß keine Sekunde den traurigen Wasserfall, an den er voller Sehnsucht dachte.

Schließlich wurde der Fluss zu einem breiten, gemächlichen Strom und der Strom wurde weiter und weiter und öffnete sich schließlich in den unendlichen Ozean. Die Mutter Ozean war glücklich, viele ihrer Kinder wieder bei sich zu haben. Sie bemerkte aber sogleich, dass Rundling sehr aufgeregt und suchend hin und her schaute und auf und ab glitt. So fragte sie Rundling:

„Was suchst du? Das Geheimnis der Tiefe? Dann lass dich hinabgleiten bis auf meinen Grund. Oder suchst du ferne Strände? Dann reite mit meinen schnellsten Wellen."

„Nein", antwortete Rundling da, „ich suche keines davon. Ich möchte wieder dorthin zurück, wo ich hergekommen bin. Denn es liegt mir am Herzen, meinen Freund, der sich einsam fühlt, den kleinen traurigen Wasserfall, an den ich immerzu denke, zu besuchen und ihn zu trösten."

Da sagte der Ozean:

„Dann musst du auf meiner Haut verweilen, damit die Sonne dich zu den Wolken bringt und die Wolken dich zu dem Ort, von dem du aufgebrochen bist."

Gesagt, getan. So ließ sich Rundling durch die Wolken am Himmel zurück zu seinem Ursprung bringen. Dort ließ er sich hinabfallen und fand sich in dem Bach wieder, in dem seine Reise begonnen hatte. Er genoss die vertraute Landschaft zu seiner Rechten und Linken, schaute aber erwartungsvoll nach vorne und fragte sich, wann sie den kleinen Wasserfall endlich wiedersehen würde. Da hörte er ihn auch schon. Mit überschwänglicher Freude sagte er:

„Guten Tag, mein Freund! Ich habe immerzu an dich gedacht und bin gekommen, um mich bei dir zu bedanken. Ohne dich wäre ich nie zum Fluss gekommen, wäre nie Teil des Stroms geworden und hätte nie den Ozean erreicht, der unser aller Mutter ist. Du bist ein Bogen des großen Kreises, des ewigen Rades von Geburt und Wiederkehr."

ICH, DAS KOSMISCHE JUWEL

Das kostbare Geschenk, das Rundling dem Wasserfall mitgebracht hat, drückt die Seele dieser Geschichte aus und seine Worte geben dieser Seele eine Gestalt. Wenn der kleine Wasserfall in einem schmalen Bach ein Teil des Ganzen und liebenswert ist, gilt das nicht für jeden von uns? Ist nicht jeder von uns ein Teil des Ganzen, ein Geschöpf Gottes? Ist nicht jeder von uns das letzte Glied einer Jahrmilliarden langen evolutionären Entwicklung?

Ja, jeder von uns, also auch du und ich, ist ein kostbares Kleinod in dem großen Ring des Seins.[9][10]

---

9   Nach der Anschauung von Erich Fromm ist sich anzunehmen eine Form des Seins, was der Botschaft dieser Geschichte sehr nahekommt. Mit seinen Worten aus dem Werk „Haben oder Sein": „Mit ‚Sein' meine ich eine Existenzweise, in der man ... voller Freude ist, seine Fähigkeiten produktiv nutzt und eins mit der Welt ist."

10 Diese Metapher, dass du und ich ein kostbares Kleinod sind, bekommt ihre kosmische Begründung in dem Kapitel „Goldmine" in meinem Buch „Die Kunst Beziehungen in den Sand zu setzen".

45.

NAMENLOSES VERLANGEN

Es gab einmal eine Schule, angeschlossen an ein Kloster mit dem Namen *Tempel der Ruhe*. Dort wurde die Kunst der Selbstversenkung und Selbstfindung gelehrt. Ein besonders ehrgeiziger Schüler erschien immer als Erster zum Unterricht und nach dem Unterricht stellte er viele Fragen an den Lehrmeister. Aber genau dieser Schüler wirkte, im Gegensatz zu dem, was gelehrt wurde und was auch er anstrebte, ruhelos, abwesend, geradezu gehetzt.

Als dieser Zustand längere Zeit andauerte, rief ihn das Oberhaupt der Schule zu sich und fragte, was ihn so beunruhige und treibe. Der ehrgeizige Schüler antwortete:

„Ich bin voller Sehnsucht, es dürstet mich nach etwas Absolutem und in mir brennt ein namenloses Verlangen. Ich suche nun, was meine Sehnsucht stillt und meinen Durst löscht; ich suche dieses Etwas, für das ich noch keinen Namen habe."

Der Lehrmeister hörte das unausgesprochene Wort des Schülers und sagte voller Klarheit:

„Ich sehe, du suchst dein ‚Ich', dein wahres ‚Ich'."

Das erwartungsvolle Schweigen des Schülers unterbrach der Meister mit den Worten:

„Ich freue mich für dich, denn du hast den Weg gewählt, der zum höchsten, zum wahren Ich führt. Denn dein ‚Ich' ist die

Antwort auf alles, was du suchst. Aber damit du diesen Weg auch gehen kannst, musst du erst dein ‚Alltags-Ich‘, das dich immer begleitet, überwinden."

„Mein wahres Ich? Ich sage doch, seit ich reden kann immer wieder ‚ich‘. Dann muss doch dieses ‚ich‘ mein wahres ‚Ich‘ sein."

„Nein. Es ist dein erlerntes ‚Ich‘, das spricht. Das ist das ‚Ich‘, das man dir beigebracht hat. Du bist wie ein weißes Blatt auf die Welt gekommen. Dann haben deine Eltern mit den Farben und Strichen ihres Glaubens und ihrer Überzeugungen, ihrer Gebote und Verbote, mit dem, was gut und schlecht ist, was man tun und sein lassen soll, ein Bild auf dieses Blatt gemalt. Und dieses Bild mit all seinen schönen und lebendigen Bereichen, aber auch hässlichen und dunklen Flecken ist das, was du für dein ‚Ich‘ hältst. Mit diesem Bild gestaltest du dein Leben – deshalb nannte ich auch dieses Ich dein ‚Alltags-Ich‘."

Tief betroffen von der Erkenntnis, dass er sein Leben bis jetzt mit seinem Alltags-Ich gestaltet hatte, und berührt von der freudigen Ahnung, seinem wahren Ich zu begegnen, sagte er mit einer Stimme, die sein tiefes Verlangen verriet:

„Dann zeig mir den Weg, wie ich mein wahres Ich entdecken kann."

Daraufhin bat der Lehrmeister den Schüler, seine Augen zu schließen und geschlossen zu halten. Dann sagte er:

„Stelle dir eine Kiste vor, die neben dir steht und offen ist. Nun schau auf dein Leben und mache dir bewusst, was dir alles Angst macht. Vielleicht der Tod, Krankheiten, vielleicht auch die Angst, dein Ziel nicht zu erreichen und so weiter. Sammle all diese Ängste und wirf sie in die Kiste.

Nun suche nach allem, was dir wichtig ist und was du dir wünschst. Pflichterfüllung, moralisches Handeln, dein Glauben und deine Überzeugungen, das Absolute anstreben. Sammle auch diese Dinge und wirf sie in die Kiste.

Jetzt schau die Menschen in deinem Leben an, die du liebst, die dir wichtig sind, die du ablehnst, die dich weshalb auch immer begleiten. Auch sie gehören in die Kiste.

Nun schau noch einmal dein Leben an. Solltest du etwas finden, das ich nicht erwähnt habe, wirf auch das bitte in die Kiste. Verweile einen Augenblick in diesem Zustand, bis ich dich wieder anspreche."

Nach einer Weile bat der Meister den Schüler, seine Augen zu öffnen, und fragte ihn:

„Alles, was dein Leben ausmacht, ist in der Kiste. Kannst du mir jetzt sagen, was dein ‚Ich' ist?"

Die spontane Antwort des Schülers war:

„Das, was in der Kiste ist."

„Nein. Das ist das, was du gelernt hast, was man auf das reine Blatt deines Ich geschrieben hat. Das ist das, was ich vorhin erwähnt habe, das, womit du deinen Alltag und dein Leben gestaltest. Aber das ist nicht dein wahres Ich."

Da überlegte der Schüler einen Augenblick, und während er dann auf seine Brust klopfte, sagte er:

„Das bin ich."

„Nein, auch das ist nicht dein ‚Ich'. Das ist dein Körper. Das ist das Instrument, mit dem du handelst und dein Leben organisierst, aber nicht dein wahres Ich."

Verwundert, überrascht und sehr neugierig sagte der Schüler:

„Dann verrate du mir, was mein wahres Ich ist."

Der Meister fragte den Schüler:

„Wer hat die Entscheidung getroffen, was dir Angst macht, was dir viel bedeutet, was du dir wünschst, welche Dinge und Menschen dir wichtig sind und was in die Kiste geworfen wird? Dieses Etwas, diese oberste Instanz, die all das bewirkt hat, wo ist sie jetzt?"

Der Schüler warf fragend einen Blick auf die Kiste und dachte:

„Da drin ist sie nicht. Mein Körper ist es auch nicht. Aber wo ist sie dann?" Schließlich antwortete er:

„Nirgendwo, oder?"

„Doch. Dieses Etwas ist dein ,Ich'. Und es ist in dir. Nur die ständige Präsenz deines ,Alltags-Ich' hindert dich daran, deinem wahren Ich zu begegnen. Du siehst, dieses Ich steht über allem, von dem du dachtest, dass es dein Leben ausmacht. Dieses Ich ist erhaben und unabhängig. Dieses Ich ist sogar mächtiger als das Schicksal selbst – denn nicht die schicksalhaften Ereignisse bestimmen unser Leben, sondern das Urteil unseres wahren Ich. Es ist dieses Ich, das entscheidet, auf welche Art schicksalhafte Ereignisse in dein Leben hineinfließen sollen. Es ist sein Urteil, was aus deinem Leben in die Kiste geworfen wird und für immer dort bleibt und was realistisch und leuchtend dein Leben begleitet."

DAS WAHRE ICH

Die Weisheit und die Botschaft dieser Geschichte liegen in der Unterscheidung zwischen unserem Alltags-Ich und unserem wahren Ich. Das Erhabene ist das wahre Ich, das außerhalb der Kiste existiert. Es steht über allem, was uns zu Getriebenen macht, auf der Flucht vor unseren Ängsten und der Jagd nach Glück. Mit diesem Ich zu leben bedeutet nicht, der Illusion zu verfallen, sich mit seinen Lebensaufgaben nicht auseinandersetzen zu müssen, sondern mit diesem Ich gestaltet man sein Leben mit einer alles durchdringenden Gelassenheit. Jedes Problem, in welchem Bereich des Lebens auch immer, wird ursächlich behandelt und bewältigt und jedes Bedürfnis in einem gesunden Ausmaß befriedigt. Immer wenn du mit deinem „Alltags-Ich" ein Ziel anstrebst, vergiss bitte nicht, dass dein wahres „Ich" möglicherweise andere Wege beschreiten würde.

Die Botschaft dieser Geschichte ist die Botschaft dieses Buches: Du bist das Beste, was dir passieren kann.

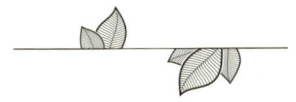

Vom gleichen Autor sind folgende Bücher erschienen:

Die Kunst Beziehungen in den Sand zu setzen

Ein Tag mit der Liebe

Der sanfte Weg der Poesie – vom Gefühl zur Heilung
(In diesem Buch ist das frühere Werk *Gesichter einer Liebe* enthalten)

Ein Schritt zur Seite ...

Wer soll siegen? Kopf oder Herz ...

Bis wir das begreifen, was wir schon immer wussten

Gesichter einer Liebe

www.charifi.de
info@charifi.de
Facebook: Mohsen Charifi

Mohsen Charifi

Die Kunst Beziehungen in den Sand zu setzen

Wir selbst sind der Architekt unserer Beziehungen. Ob sie glücklich und harmonisch verlaufen, zu einer einvernehmlichen Trennung führen oder in erduldeter Unzufriedenheit fortgesetzt werden, all das liegt in unserer Hand.

Dann taucht natürlich die Frage auf: „Wenn das Schicksal meiner Beziehungen in meiner Hand liegt, warum verlaufen sie so oft anders als ich es will?" Weil wir immer wieder über die Unebenheiten in unseren eigenen Denk- und Verhaltensmustern stolpern, die wir im dichten Nebel unserer Routinen nicht bemerken. Dies gilt natürlich auch für unseren Partner. Ziel dieses Buches ist es, gerade das zu bemerken, was wir sonst nicht merken, denn erst dann können wir darauf Einfluss nehmen und es verändern.

ISBN 978-3-86410-146-5
184 Seiten

www.windpferd.de

Mohsen Charifi

Ein Tag mit der Liebe

Dieses Buch ist ein Kurs in Liebe.

Jede Zeile bringt uns der Wahrheit unseres Lebens näher. Hat man einmal angefangen zu lesen, mag man es nicht mehr aus der Hand legen.

„Die Menschen müssen mich nicht erreichen, aber indem sie sich an mir orientieren, können sie in der staubigen Wüste ihres Alltags und auf dem unruhigen Ozean ihrer Bedürfnisse ihren Weg finden. Sie müssen mich nicht erreichen, sie werden gerettet sein, indem sie sich nach mir richten" – Die Liebe

ISBN 978-3-86410-142-7
240 Seiten

www.windpferd.de

Mohsen Charifi

Der sanfte Weg der Poesie
Vom Gefühl zur Heilung

Berührt und erweckt durch den Zauber der Poesie lernen wir die Weisheit unserer Gefühle als Kompass zu nutzen, das Boot unserer Emotionen aus dem dunklen stürmischen Ozean der Ereignisse in den sonnigen Hafen der Gelassenheit zu lenken, heil und befreit.

Die Poesie kann das verbindende Glied zwischen Gefühl und Heilung sein. Je tiefer unsere Erkenntnisse über den Sinn, den Zweck und die Funktion der Gefühle sind, umso offensichtlicher und nachvollziehbarer wird, wie Poesie wirkt und heilt.

ISBN 978-3-86410-088-8
80 Seiten

www.windpferd.de